URBAN MANAGEMENT
城市管理学

鲍海君　王笑言 / 主　编

徐可西 / 副主编

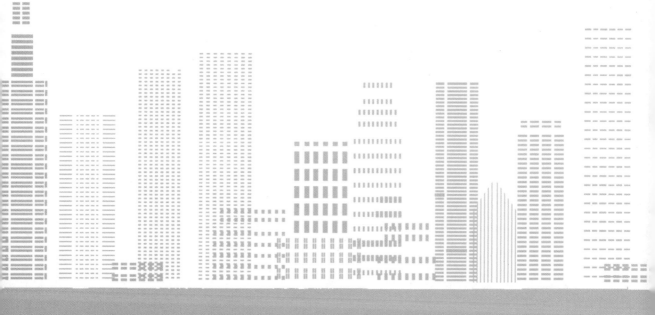

ZHEJIANG UNIVERSITY PRESS
浙江大学出版社
·杭州·

　　目前，我国城市发展进入了由大规模增量建设转为存量提质改造和增量结构调整并重的阶段。党的二十大报告提出，要"提高城市规划、建设、治理水平""打造宜居、韧性、智慧城市"[①]。近年来，随着现代数字技术、信息技术的迅速发展，新的科学规律及原理不断涌现，相关知识应用于城市管理实践的范围不断扩大，极大地扩充了城市管理学科的内容，城市管理呈现出新的发展趋势，城市管理理论研究也有了新的进展。

　　为了回答新时期建设什么样的城市、怎样建设城市等重大理论和实践问题，本书编写组在浙江大学出版社的支持下，推出了这本教材。本教材是"城市管理学"浙江省省级一流本科课程建设的一项阶段性成果。本教材的编写力求规范、准确、简洁，既注重对基本知识、基本理论的阐述，也注重理论与实际的联系，同时吸收反映我国当代城市管理发展的最新成果。为了帮助读者系统掌握和巩固所学知识、拓展相关理论并对有关内容进行深入学习，本教材每章均设有相关案例介绍和复习思考题等板块，以帮助读者更好地理解所授内容，并对知识要点进行回顾。

　　全书分为 4 个部分共 12 章，各章内容介绍如下。

　　第一部分为"城市管理导论"，主要介绍城市管理学相关概念，章节内容涉及城市与城市化、城市群等相关概念的形成与发展脉络。

　　第一章是"城市与城市化"，重点介绍了城市的基本概念、功能和作用，并从城市化的阶段出发，阐明城市化过程的特点、中国城市化的发展进程，以及中国城市化的主要发展特点。

　　第二章是"城市群"，介绍城市群的由来，对城市群的基本概念做进一步的解析，重点讲授城市群如何培育与发展。同时梳理了城市群的发展特点，总结了有关城市群发展过程中的经验和启示。

　　第二部分为"城市管理理论"，内容包括城市管理体制与城市管理政策，分析了城市管理体制的多样性，阐明了城市管理的重要途径和工具，梳理了城市管理政策的发展情况。

　　第三章是"城市管理体制"，通过对中西方市政体制进行比较，总结西方国家常见的市政体制及其共性特征。介绍中国城市管理体制的发展历史，包括从清朝末期到新中国成立后

---

① 习近平. 高举中国特色社会主义伟大旗帜 为全面建设社会主义现代化国家而团结奋斗：在中国共产党第二十次全国代表大会上的报告[N]. 人民日报，2022-10-26（01）.

城市管理体制的演进过程。

第四章是"城市管理政策"，城市管理政策是城市管理的重要途径和工具，通过对城市管理政策相关概念的梳理，展现城市管理政策的形成过程及其在城市治理过程中的主要内容。

第三部分为"城市管理体系"，系统介绍城市管理各个具体维度的概念与模式，内容包括城市国土空间规划管理、城市基础设施管理、城市社会管理、城市公共服务管理、城市安全管理等五大方面。

第五章是"城市国土空间规划管理"，通过对相关概念的梳理，重点分析城市空间规划需要重视的若干重大关系问题及城市国土空间专项规划内容，并重点介绍了杭州、上海、广州、深圳、重庆等5个城市的城市国土空间规划案例。

第六章是"城市基础设施管理"，对城市基础设施的概念体系加以总结，介绍城市基础设施的内涵、特征及类型，分析城市基础设施的运营方式、供给方式及基础设施投融资体制改革，总结城市基础设施发展成就与面临的挑战。

第七章是"城市社会管理"，内容涉及社会管理内涵及改革原则，城市人口管理的目标、机制及模式，并分析了城市社区及其管理模式。

第八章是"城市公共服务管理"，介绍公共服务的含义与特点，以及公共服务供给的价值诉求，从制度保障建设、财政制度、监管路径3个方面，讨论完善公共服务管理的路径。

第九章是"城市安全管理"，主要内容包括城市安全、城市安全管理、城市灾害管理、城市治安管理和城市应急管理等相关内容，分析城市安全管理的重要关键因素。

第四部分为"城市管理前沿"，阐述了当下城市管理发展的最新路径与方向，包括未来社区、数字城市及城市治理现代化等相关内容。

第十章是"未来社区"，对未来社区的概念、建设特征进行解析，并重点讲述社区建设中几种典型的模式，以及新加坡、日本的社区建设理念、特点和实践经验。

第十一章是"数字城市"，讲述数字城市的由来、概念、主要特征及数字城市的功能，剖析了我国数字城市发展中存在的问题，以及数字城市建设的相关技术体系。

第十二章是"城市治理现代化"，重点对城市治理现代化进行解读，并对城市体检进行介绍，包括城市体检的提出、城市体检的作用及城市体检指标设计的逻辑框架。

本教材由浙大城市学院鲍海君和浙江财经大学王笑言担任主编，负责拟定编写思路和大纲，统筹推进编写工作。浙大城市学院徐可西担任副主编。各章节的编写负责人分别为：第一章，鲍海君；第二章，王笑言；第三章，李玉文；第四章，王笑言；第五章，徐可西、黄莉；第六章，王笑言；第七章，黄莉、王笑言；第八章，王笑言；第九章，鲍海君；第十章，徐可西、王笑言；第十一章，王笑言；第十二章，蒋淑丽、鲍海君。最后由鲍海君与王笑言修改定稿。本教材系浙江省"十四五"高等教育教学改革项目（NO. JG20220674）、国家社科基金一般项目（NO. 23BGL250）、浙江省省级一流本科课程建设项目（"城市管理学"）的阶段性成果。感谢潘璐颖、陈艳、姜春、赵雨佳、徐志禹、单晓宇、李欣谊、孟书彤、金雅倩等参与者在本教材编写和校对工作中的付出。本教材适用于经济、管理类各专业的本科生和研究生使用，也可作为经管类人员或其他人员了解城市管理学的参考读物。

　　本教材在编写过程中参考了国内外学者的大量相关研究成果，在此表示由衷的感谢！受时间和水平所限，书中的错误和疏漏之处在所难免，敬望同行不吝赐教，也欢迎广大读者批评指正。

编　者

2024 年 9 月

目 录
CONTENTS

第三部分　城市管理体系

PART 1

城市管理导论

第一章

城市与城市化

第一节　城市的内涵与发展

城市的产生和发展是一个漫长的历史过程，城市最显著的特征是人口密集，劳动和分工使得城市功能和作用也各有特点。本节将介绍城市的概念，以及由于科学技术的兴起和通信技术的发展而显示出的城市发展的新趋势。

一、城市的概念

城市是指由大量的非农业人口聚集起来构成的具有综合功能的人类生产和生活的共同体，人口、资源密集，文化荟萃，信息集中，工作高效等都是城市的特点。在城市有限的地域空间内，各种生产要素（如劳动力、土地、建筑、资本、文化、科技等）高度密集且相互交织在一起。与农村相比，城市的生产力更为先进，生活方式也较为现代化。在政治上，城市是一个国家或一定区域的公共治理中心，具有制度化的政府组织体制；在经济上，城市具有产业分工与交易系统，不直接依赖自然或农业耕作获取资源。

在现代社会，城市遍布于世界各地。根据规模大小，城市可以分为一般城市（city）和大城市（metropolis）。各国没有统一的划分城市与农村的标准。概括来说，主要按照人口密度、人口规模、行政区划、职业界定这4种标准。

二、城市发展的新趋势

交通运输技术和通信技术的新发展，推动了全球性的商品生产、商业贸易、劳动分工和投资融资活动，世界城市发展呈现出一些新趋势，主要表现在以下几个方面。

（一）城市快速通道日益发达

城市快速通道是指以民用航空、高速公路、高速铁路、大型港口、邮政电信及互联网为骨干的物质和信息流通载体。它们是城市经济发展、社会活动开展，以及物质、能量聚集和扩散所必需的基础设施。发达的城市快速通道网络是城市现代化的重要标志。20世纪70年代以来，城市快速通道建设发展迅速。其中，航空运输具有舒适便捷和高速直达性，在快速通道网络中具有特殊的地位。当前，北京首都国际机场、上海浦东国际机场、广州白云国际机场已经发展成为中国三大民航枢纽港。高速公路建设极大地提高了综合运输能力，它不仅促进了城市经济的发展，也推动了沿线地区的经济发展。铁路运输具有速度快、运量大、能耗低、污染小、占地少等优点。高铁逐渐发展并成为城市居民出行的重要工具之一。目前，高铁的汇聚效应正在改变着中国的经济版图，京沪高铁、武广高铁、沪宁杭高铁、京津城际铁路等，共同构成了中国三大经济圈间及经济圈内部的高速循环系统。高铁沿线出现了许多新城区、新工业区，改变着中国的"经济版图"。港口、内河和海上航线也是城市对外联系的基本通道，虽然河运和海运的速度并不见长，但却是大宗商品运输的最廉价方式。近年来，光纤通信、数据通信、卫星通信、移动通信、互联网等信息高速公路获得快速发展，城市的信息流量和容量迅速扩大。

（二）人口郊区化发展迅速

郊区是指城市高度密集的建筑空间的周边地区。随着城市功能逐渐地向综合性发展，郊区利用自身毗邻城市的优势，在区域经济分工中获得了广阔的发展空间。郊区城市化是由于城市中心区出现人口稠密、交通拥挤、地价昂贵、就业困难等问题而形成的巨大竞争压力和迁移推力，促使市中心的人口、产业开始向外迁出，最终导致郊区人口和产业迅速发展。郊区城市化是城市化进入更高发展阶段的表现，是城市人口和产业在更广阔空间的优化配置。随着高速公路和快速通道的完善，大城市的购物中心、高档别墅区、休闲度假区出现了向乡村社区扩散的趋势。郊区由于风景秀丽、空气清新、环境较好，吸引了富裕阶层前来购房。随着富裕阶层的外迁，郊区开始兴建高尔夫球场、度假村、休闲俱乐部、赛车场等娱乐设施。伴随着居住和生活郊区化，工业和商业也出现郊区化的趋势，一些企业将工厂和仓库等生产设备外迁，郊区出现了大型超市、产业园区和科技开发区。

（三）国际性城市影响力与日俱增

早在18世纪中后期，英国伦敦就已成为国际性城市。早期的国际性城市数量稀少，在全球分布也极不均衡。20世纪70年代以来，由于交通、运输和信息技术的发展，越来越多的国家被纳入自由市场体系之中，经济全球化正在以空前的广度和深度迅速发展。跨国公司在全球范围内进行资产运作，从事经营管理，使经济活动控制中心和信息节点进一步集聚，若干区域性经济中心城市和全球信息节点城市，迅速发展成为国际性城市。纽约、洛杉矶、伦敦、东京、法兰克福、圣保罗、香港、悉尼、多伦多等城市的发展更是让人叹为观止。不仅发达国家拥有国际性城市，发展中国家也出现了不少国际性城市。它们在全球经济中扮演着重要的角色，不仅控制和主宰着全球的经济命脉，而且正在逐步取代国家的部分作用。

（四）生态城市建设开启新征程

工业革命以来，人类日常生产生活不断向城市集中，向自然界排放废弃物和污染物的活动不断增加，逐渐超出自然界的净化能力和承载能力，环境污染日益严重。一些城市政府奉行"先污染后治理"的发展模式，进一步加剧了环境污染。环境污染不仅破坏生态平衡，而且给城市经济和人体健康带来危害。在饱尝环境污染的恶果后，一些工业城市开始注重生态平衡和环境保护，有意识地建设清洁型、生态型和宜居型城市。一些大城市利用现代科技成果改造基础设施，设计田园性质的城市生态社区，积极治理工业化带来的环境和生态问题。在我国"十四五"期间，政府也强调了绿色发展的重要性。

第二节　城市的功能和作用

虽然不同时期的城市有着各自的特点，但是城市也有着其共性。城市有生产中心、商业中心、金融中心、交通中心、信息中心、政治中心等六大基本功能。本节从城市的复合型功能及大都市区的独特优势出发，描述城市发展中必不可少的条件。

一、城市的复合型功能

城市功能是指城市对于经济发展和社会生活所能发挥的效力和作用。城市功能经历了从简单到复杂、从低级到高级的发展过程。

（一）生产中心的功能

现代城市是工业文明的摇篮，是一个国家的生产基地。18世纪60年代开始的工业革命用机器大生产代替了工场手工业。工业化为城市发展提供了根本动力，直接催生了大批新兴工业城市。这些工业城市不断地从外界输入原材料和农副产品，同时又将工业制成品源源不断地输向各地市场。工业经济创造了大量就业机会，促使乡村人口进一步向城市集聚。

（二）商业中心的功能

城市是商品交换和市场发展的产物。现代城市是一定地域范围内的商品流通和贸易集散地，是各种原料及其产品的销售中心。在市场经济条件下，城市发展需破除地区封锁，积极培育商品市场、资金市场、技术市场、劳务和人才市场、房地产市场，规范市场管理手段，实现货畅其流、物尽其用。

（三）金融中心的功能

商品生产和交换的集中，引起了资金使用的集中和融资行为的活跃，催生了金融市场和金融机构。在现代城市经济中，资金运用和流动规模十分庞大，金融资本和产业资本紧密结合在一起。专业性的金融机构和金融服务，如银行、信托机构、证券机构、期货公司等，都集中在城市，尤其是聚集在全国性和区域性的城市。

（四）交通中心的功能

城市不断地与外界进行物质和能量的交换，需要拥有便捷的交通运输通道。自古以来，城市总是居于交通要道，具有沿江、沿海、沿路等特点。中国古代的扬州和苏州，由于运河的开通而快速发展起来。随着交通工具和技术的发展，城市的交通地位也会发生变化，它直接影响着城市的经济和商业地位。

（五）信息中心的功能

信息是通过某种载体进行传递和交换的知识性内容。信息的收集、处理传播和存储需要一定的物质条件。城市居于市场网络的节点地位，其对信息的反应最敏感，信息量也最集中。城市还设立有教育、科技和文化机构，建设了图书馆、展览馆、博物馆、电影院等物质设施，它们专门进行信息生产、收集、存储、交换和传播等工作。

（六）政治中心的功能

古往今来，城市从来都是国家或区域的政治中心。世界各国的中央和地方政府机构，无一例外地都设在城市，各种政治活动都在城市举行。中国城市的政治中心功能尤为突出，所有城市都有行政级别。不同行政级别的城市政府，在立法、行政和司法权限方面存在很大差异。

二、大都市区的独特优势

所谓大都市区（metropolitan district，也称 metropolitan area），是指一些规模较大的城市超越原来的地域界线，不断向周边扩展，形成中心城市和周边城镇融合成整体的大都市地区。大都市区通常包括一个大型的人口中心，以及与该中心具有密切经济和社会联系的周边社区。1910 年，美国在人口统计中首次使用了"大都市区"的概念，当时界定的标准是：10 万人以上人口的中心城市及周围 10 平方千米以内的地区，或者虽超过 10 平方千米但与中心城市连绵不断，人口密度达到 150 人/千米² 的地区。当时的美国预算局先后对大都市区的定义进行了多次修改。1940 年，美国大都市区人口占全国总人口数的 47.6%，接近全国总人口数的一半，成为世界上第一个大都市区化的国家。20 世纪 50 年代以来，其他发达国家的大都市区化趋势也十分明显。大都市区对现代经济的发展具有独特的作用。

首先，与传统城市体系相比，在地理区位上，大都市区的经济活动更加集中，形成了一种独有的经济集聚环境。这种集聚型经济环境有利于新兴工业的产生，加速信息传播，推动科技发明，增加产业类别和产品数量，能够极大地推动产业群的发展，使得产业群之间建立起稳固的联系，从而以更快的速度进行专门研究、技术革新、产品生产和配套服务。以美国的硅谷为例，在那里，计算机硬件、软件、咨询公司紧密联系，形成了全国发展最快、赢利最多的产业群。

其次，与非大都市区相比，大都市区具有更广阔的市场、更加专业化的劳动力资源。大都市区的企业数目和集中程度远远超出非大都市区。大都市区具有多样化的市场，使公司可以针对特定企业生产出个性化的产品。同时大都市区居民的平均收入水平要高于非大都市区居民，且人口密度大，因此购买力更强。

最后，大都市区经济已经成为各国经济增长的发动机。各国经济竞争的基本单位正在从国家竞争和企业竞争，转变为大都市区竞争。2000年9月，美国市场暨县政府协会在发布的《大都市区经济——美国经济增长的发动机》的报告指出，1999年，美国大都市区GDP（Gross Domestic Product，国内生产总值）、就业人口、收入和商品出口额在美国全国相关数据中的占比分别为84%、84%、88%和83%。1992—1997年，全美经济增长的地区中89%为大都市区；世界前100个经济体中有47个在美国大都市区。目前，纽约、巴黎、伦敦、东京等大都市区的GDP远远超过了许多中小国家的GDP，纽约大都市区的GDP甚至超过了澳大利亚的GDP。

第三节　城市化的发展

城市化不同于城市本身，城市化是一个动态演化的过程，是可持续进行的过程。城市化的发展水平反映出不同国家的经济、政治、文化的发展情况，也代表国家整体的发展水平的高低。本节从城市化的基本含义出发，介绍城市化过程的特点。

一、城市化的基本含义

城市化是个外来语，英文为"urbanization"，其字面意思是指"使其具有城市属性"。也有学者将"urbanization"译为"都市化"或"城镇化"。城市是指非农业人口达到相当规模的人口集中居住社区，城市化是指人口和经济活动从农村向城市转移的过程。广义地看，城市化既伴随着农村人口向城市聚集，城市规模、数量和用地不断扩展的过程；同时，也伴随着城市经济活动、文化形式、生活方式和价值观念向农村不断扩散的过程。在城市化过程中，社会的组织结构、经济布局、产业结构、生活方式和价值观念，都在发生变化。

评估城市化水平的基本方法有：城市非农业人口测量法、城市土地比重测量法、城市化人口增长速度测量法、城市数量增长速度测量法等。其中最常用的方法是城市非农业人口测量法，即测量城市人口数占国家（地区）总人口数的比重。公式表示为

$$城市化水平 = 城市人口数 / 国家（地区）总人口数$$

该方法由于涉及的指标较少，数据简洁直观，易于比较对照，为世界各国所普遍采用。由于各国的设市标准和城市人口界定标准不同，有的国家的设市标准为 2000 人，也有的国家为 2 万人；有的国家规定只要在城市有固定、合法的住所就是市民，也有的国家实行城市户籍管制，结果导致经济发展水平相近的国家，其城市化水平的统计数据有可能出现明显的差异。

城市化突出地表现为城市规模、数量和非农业人口持续快速的增长。根据我国国家统计局发布的数据，截至 2023 年，全国总人口超过 14 亿人，城镇人口约 9.3 亿人，占比达到 66.16%。国内城市个数为 694 个，国内地级及以上城市为 297 个，其中，常住人口超过 500 万人的城市为 29 个，常住人口超过 1000 万人的城市为 11 个。《2022 世界城市状况报告——畅想城市未来》显示，2021 年，全球约有 56% 的人口居住在城市，预计到 2050 年，全球城市人口占比将上升至 68%，这意味着将新增 22 亿城市居民，且主要分布在非洲和亚洲，印度、中国和尼日利亚这 3 个国家的新增城市人口将占全部新增城市人口的 35%。北美洲目前是世界上城市化程度最高的地区，2018 年便有 82% 的人口居住在城市。

二、城市化的特点

（一）城市化局部发展阶段的特点

从 18 世纪中叶到 20 世纪 50 年代，世界的城市化主要发生在欧洲和美洲，这是城市化的局部发展阶段。詹姆斯·瓦特在 18 世纪 60 年代开始改进蒸汽机，随后在 1769 年获得了第一项关于新型蒸汽机设计的专利，1782 年获得了"双作用发动机"的专利，显著提高了蒸汽机的效率。两项关键性专利推动了工业革命的发展，人类开始进入工业革命的新时代。工业革命极大地改变了近代国家的社会面貌，城市化就是其中最为显著的表现：蒸汽机作为集中的动力系统，使近代工业在空间布局上表现出高度密集的趋势；工业发展加速了城市人口的快速流动，也吸引了大批农民流入城市；与此同时，近代城市逐步形成以公路、铁路、港口码头为主的交通运输和道路系统；同时带动了商业金融业的发展，许多商业和金融服务公司纷纷在市中心建立起来；近代城市发展建设的上下水道、煤气、供电等基础设施，发明的电话、电灯、汽车等通信、照明和交通工具，创设的各种社交场所，加快了城市生活的节奏，改变了人们的生活方式。

19 世纪 50 年代以后，在英国工业革命和城市化浪潮的同时影响下，法国、德国、美国、意大利、葡萄牙等国家的城市化也有了长足的发展。1850—1950 年，欧洲和北美洲的城市人口从 0.4 亿人增加到 4.5 亿人，城市化水平从 6.3% 增长到 51.8%。在城市

化迅速发展的同时，近代城市也出现了严重的城市问题。主要表现为：工厂盲目布点，烟尘和噪声污染严重，绿地面积减少；城市盲目扩展，道路和交通布局混乱，交通事故频发；失业问题严重，社会下层人民生活艰苦，贫富悬殊，阶级对立严重。

（二）城市化普遍发展阶段的特点

20世纪中叶以来，世界城市化进入历史新阶段。第二次世界大战结束以后，西方殖民体系开始瓦解，广大亚非拉地区纷纷赢得民族独立，走上了自主发展工业化的道路。城市化发展的主流国家开始转移到发展中国家，其城市化速度不仅超过同时期的发达国家，且比发达国家曾经的最高增速还要快。1950—1960年，世界城市化率年均增速为3.5%，发展中国家年均增速为8.0%。1950年，世界上800万人以上人口的城市仅有纽约和伦敦；1970年，800万人以上人口的城市增加到10个，其中有5个是发展中国家的城市。1975年，发展中国家城市人口数超过发达国家。由于发展中国家农村人口基数大且增长速度也很快，其城市化率仍落后于发达国家。2018年，发达国家的城市化率基本上都在80.0%以上——新加坡为100.0%、比利时为98.1%、日本为91.8%、冰岛为93.9%、英国为83.9%、美国为82.7%。发展中国家的城市化水平较低，其中，中国为59.6%，印度为34.0%。

（三）城市化差异发展阶段的特点

20世纪50年代以后，发展中国家城市化发展迅猛，而发达国家城市化进程趋缓，这是正常而合理的现象。发达国家在城市化速度趋缓的同时，其城市化也呈现出新的特点，进入了新的发展阶段。

1. 形成了联结中心城市及其周边城镇的大都市地区

随着城市化的不断发展，一些规模较大的城市不断地扩展，将周围地区也纳入了城市化轨道，中心地区与周边地区逐渐融为一体，形成了包括中心城市和周边市镇在内的大都市地区。一方面，城市第二产业、第三产业和高新技术产业快速发展，使人口、资金、技术迅速向大城市及周边地区集聚；另一方面，由于城乡之间交通网络发达，出现了人口向郊区迁移的分散化发展趋势，城市中心人口开始外迁。随后，工业、零售业也出现了郊区化现象。这种郊区城市化的发展趋势，使得城市地域迅速扩张，新兴居住区和卫星城镇大量涌现。同时，由于许多外迁人口仍在城市中心区上班，因此，城市中心与郊区之间形成了密切的经济和社会联系。

2. 形成了由若干城市组成的大都市连绵带

随着大都市地区的发展，一些城市化区域彼此连接起来，逐渐形成了大都市连绵带（megalopolis）。大都市连绵带最早出现在美国。在美国东北部大西洋沿岸，北起波士顿南至华盛顿，以波士顿、纽约、内瓦克、费城、巴尔的摩、华盛顿6个大都市为中心，将200多个中小城市连为一体，形成了600千米长、100千米宽的巨大都市带，是世界上最早出现的大都市连绵带。除美国外，在欧洲，许多国家也形成了大都市连绵带。其中比较著名的有德国鲁尔地区的大都市连绵带、英国以伦敦为中心的英格兰南部大都市连绵带等。

20世纪70年代以来，日本、中国、印度、韩国等亚洲国家也出现了区域城市化现象。其中，亚洲大都市连绵带发展程度最高的国家是日本。日本的东京、名古屋、大阪城市连绵带，只占全国国土面积的20%，却集中了全国52%的人口、70%的工业产值、65%的商业人员和72%的年货物销售量。20世纪60年代以来，韩国进入城市化快速发展的时期。到1990年，韩国每5个人中就有4个人居住在城市。韩国总人口的61%、全国城市人口的75%都集中在首尔及首尔—釜山城市走廊。

3. 形成了功能多样的国际性城市

随着交通和信息技术的发展，一些区域性的中心城市开始发展为国际性城市（global city）。概而言之，国际性城市主要包括以下几种类型：①国际性政治城市，它们一般是国际政治组织所在地或大国首都，如联合国总部驻地纽约、欧盟驻地布鲁塞尔、世界贸易组织驻地日内瓦、美国首都华盛顿等。②国际性经济城市，它们是世界经济的组织节点，是调控、指挥全球或某区域经济活动的中枢，具有国际金融、贸易、航运和信息中心的功能，如纽约、东京、香港等。③国际性交通枢纽城市，它们由于独特的地理位置而成为国际交通枢纽和要冲，如鹿特丹、法兰克福等。④国际性文化城市，这些城市拥有悠久的人文历史、著名的文化遗产、辉煌的艺术成就，如巴黎、罗马、伦敦等。⑤国际性旅游城市，这些城市具有独特的旅游资源，能够吸引大批国际游客，如拉斯维加斯、火奴鲁鲁、威尼斯、巴黎等。⑥国际性宗教城市，这些城市由于是宗教圣地而享誉世界，如耶路撒冷、梵蒂冈、麦加等。

4. 出现"逆城市化"趋向

所谓"逆城市化"，是指城市人口和城市职能向郊区和小城镇迁移和扩散的过程。逆城市化不是"城市化"的反向过程，不是城市人口重新回归为乡村人口的过程，是城市化发展的更高阶段。城市人口向郊区的疏散，并没有改变他们的城市生活方式和价值观念，而是把城市生活方式和价值观念扩散到更加广阔的地理空间。1976年美国地理学家布赖恩·贝里在其《城市化与逆城市化》一书中首先提出了"逆城市化"（counter urbanization）的概念，他指出，"在美国的城市经历中出现了一个转折点，逆城市化代替了城市化，成为塑造国家居民点形式的主导力量，其他西方国家也可以找到与此相似的趋势"。也有学者把这种趋势称为"郊区化"（suburbanization）。20世纪70年代以来，美国、英国、日本等许多发达国家，都出现了"逆城市化"现象。由于信息技术和交通技术的极大改进，在郊区居住同样可以享受城市文明，一些富裕阶层开始在郊区和乡村搭建住所。随着城市生活成本的上升，一些工薪阶层虽在城市中心地带工作，但也选择到附近的郊区居住和生活，以降低生活成本。"逆城市化"导致城市中心人口开始向郊区和乡村扩散，中心城市人口下降，郊区和小城镇人口呈增长趋势。

第四节　中国的城市化

中国作为四大文明古国之一，历史悠久，但城市化起步较晚。从 19 世纪下半叶到 20 世纪中叶，由于受到列强的侵略及军阀割据的影响，中国城市化的发展极不均衡。20 世纪 50 年代中期以后建立起的城乡二元分割的社会结构，使得城市化长期处于停滞状态。改革开放以后，中国城市化进程才明显加快。本节介绍中国城市化的发展进程，阐述中国城市化的主要发展特点。

一、政府主导城市化发展进程

城市化发展的最基本动力是工商业发展在空间上的集聚性要求。它促成了资本、人力、资源和技术等生产要素在城市空间的密集组合，促进了城市规模的不断扩张及城市人口的不断增加。1949 年以来，我国政府的政策导向对城市化进程具有重大影响。这种政府主导型城市化发展的模式，是中国与其他国家城市化进程最显著的区别。中央政府的产业发展政策、重点建设项目、户籍管制政策、就业政策、区域经济政策及设市标准的变化，都直接影响着城市化的速度和进程。

具体说来，这种政府主导型城市化发展模式表现出以下几个特点：①城市的设置标准和行政建制由政府规划。中国所有城市都有行政级别，被划分为直辖市、副省级市、计划单列市、地级市和县级市，城市发展规模在很大程度上受制于自身的行政等级。②城市人口迁移和增长受政府规划影响。在计划经济时期，政府通过户籍、就业、粮油、住房等各种管制措施，限制农村人口向城市的转移。③城市化的资金积累受政府政策控制。在新中国成立以后的很长时期内，城市建设资金主要不是来自工业积累或政府融资，而是由政府设置工农业产品价格"剪刀差"，依靠农业积累为城市建设提供资金。④城市化发展速度受政府调控。政府调控城市化速度的手段包括户籍管制和人口流动政策的调整。⑤设市标准、国民经济计划和发展模式的调整，以及经济特区和对外开放城市的划定等，受到政府政策的影响。

二、城市化发展滞后于工业化进程

发达国家的城市化是伴随着工业革命的进程而展开的。工业革命最先产生于轻纺工业，由于轻纺工业需要大量劳动力，因此工业化直接带动了城市化，导致大量农村人口流入城市，城市数量和规模不断扩张。与发达国家产业结构渐进发展的道路不同，中国的工业化却是从优先发展重工业开始的。在"赶超战略"的指导下，在很长一段时期内，中国轻工业发展远远落后于重工业发展。重工业技术构成较高，所需资本投入大，相对于轻工业和第三产业而言，重工业资本投入所能创造的就业机会要低得多，它降低了城市经济对农村人口的吸纳力和消化力，致使城市化发展滞后于工业化。

改革开放以后，在农民"离土不离乡""进厂不进城"等政策引导下，乡镇工业迅速发展起来，它们就地吸纳农业富余劳动力。乡镇企业对发展地方经济的贡献功不可没，但其分散经营造成了土地资源的浪费。乡镇企业遍地开花，"村村点火，户户冒烟"，还造成了环境污染问题。乡镇企业的发展，使得城市化进一步滞后于工业化。1949—1999年，中国工业经济年平均增长率超过8%，而城市人口年平均增长率仅为3%，只比总人口年均增长率高出1.2个百分点。由此可见，中国城市化水平严重滞后于经济发展水平。工业化水平实际上可以支持更高的城市化率。

三、大量农村人口就近城镇化

改革开放以来，出现了农村人口就地转变为城镇人口的城镇化现象。2001年3月30日，国务院在批转公安部《关于推进小城镇户籍管理制度改革的意见》中明确指出，全面推进小城镇户籍管理制度改革，凡在县级市市区、县人民政府驻地镇及其他建制镇范围内，有合法固定的住所、稳定的职业或生活来源的人员及与其共同居住生活的直系亲属，均可根据本人意愿办理小城镇常住户口；对办理小城镇常住户口的人员，不再实行计划指标管理。小城镇户籍制度改革使得广大农民在小城镇基本实现了迁徙自由。农村富余劳动力就近城镇化，既减轻了大中城市的压力，也促进了城镇发展和小城市体系的完善。截至2001年底，全国共有建制镇20374个，首次超过了乡的数量。小城镇接近农村，农民进城门槛低，便于分流和转移农村富余劳动力。国家全面取消"农业税"以后，乡镇政府的财政面临一定的压力。为了减少行政支出，全国很多省份都进行了"撤乡并镇"的改革，通过行政区划调整，减少了乡镇数量，扩大了小城镇的行政区域和人口规模。近年来，小城镇的经济实力普遍增强，公共服务与基础设施也有了明显的改善。2005年，全国1%人口抽样调查数据显示，我国新生代农民工占农民工总量的34.6%，而国家人口和计划生育委员会动态监测数据显示，2013年，新生代农民工比重已达46.6%。2018年，新生代农民工比重达到51.5%。同时，许多研究表明，与第一代农民工相比，新生代农民工在受教育程度、务农经历、迁移动机、就业分布、发展取向等方面都存在显著差异。新生代农民工的文化程度明显更高、务农经历更少。在迁移动机上，第一代农民工进城主要是为了赚钱以抚养家庭，属于"生成型"迁移；而新生代农民工则主要是为了"见世面"、实现知识和技能积累，属于"发展型"迁移。

四、新时代的城镇化

统计数据显示，截至2023年，我国设立的省级城市34个，地市级城市333个，县级城市2844个，建制镇21421个。相对于大中小城市，县域是城镇化的重要组成部分，是城乡一体化的基础和关键环节。相对于农村而言，县域则是城乡一体化的龙头，是实现新型城镇化和农业现代化的重要载体。在我国的城镇化体系中，"城"包括市制建制以上的直辖市、省级市、地级市和县级市，"乡"则指县域范围内建制镇及以下的广大农村。在城乡二元结构中，县域范围内的建制镇被划分到了乡村，行政建制的县则是"城"与"乡"之间的纽带，同时也是城乡二元结构的"切割线"。新型城镇化的核心是实现人口城镇化，最终使绝大多数的农民转变成真正的市民。在全球经济低速增长的背景下，中国经济的持续健康发展离不开新型城镇化的推进。县域是新型城镇化的关键和重要生长点，必须以全新思维构造新型的城乡关系，加紧实施县域新型城镇化战略，加快形成县域新型城镇化的体制机制，有序推进农民市民化，重视和完善农村基础设施建设与社会事业发展。

2020 年 5 月，国家发改委发布《关于加快开展县城城镇化补短板强弱项工作的通知》，要求抓紧补上县城城镇化短板弱项，大力提升县城公共设施和服务能力。明确了一系列支持政策，并已公布 120 个县城先行试点。2022 年 5 月，中共中央办公厅、国务院办公厅印发《关于推进以县城为重要载体的城镇化建设的意见》。意见指出，要顺应县城人口流动变化趋势，立足资源环境承载能力、区位条件、产业基础、功能定位，选择一批条件好的县城作为示范地区重点发展，防止人口流失和县城盲目建设。可以看出，中国城镇化的发展正随着时代的变迁不断补充着新的内容。

第五节　城市化相关案例

案例一：百年北京城变迁——建筑使用功能演变

北京，作为中国的政治和文化中心，其城市面貌在 20 世纪经历了深刻的变迁。随着现代化进程的加快，传统建筑的拆除引发了对文化遗产保护的思考。城市化不仅带来了乔迁之喜，也带走了祖辈传下的文明，引发了对城市特征和民族文化遗产保留的探讨。

1900—2000 年，中国社会制度的两次巨大转型，深刻影响了北京城。北京从封建王朝的帝都转变为中华人民共和国的首都，国家制度的变革直接影响了城市建筑的功能布局。王府，作为北京城内具有特殊建筑风格的居住类型，其功能从贵族宅第转变为政府机关、学校等公共职能机构，体现了城市功能空间分布格局的演变。市内的教堂和中西合璧的建筑风格，也成为北京城市文化多样性的象征。商业和交通的发展，尤其是王府井地区的商业繁荣，进一步塑造了北京的城市面貌。公共交通的建设，如 1921 年开始筹建的有轨电车，连接了城内几处繁华的商业街，促进了商业活动的繁荣。

进入 21 世纪后，高楼大厦拔地而起，保持北京城的传统风貌受到了挑战。城市人口的增长使得四合院式的平房难以适应居住需求，传统文化风貌和市民的情怀受到了冲击。面对现代化发展，如何保护代表城市历史文化特征的建筑，成为北京城市发展的重要课题。

在这个过程中，我们需要明确城市文明的盛衰特点，同时考虑如何在社会转型期有意识地保护那些代表城市历史文化特征的建筑与结构。只有这样，中国城市才能在现代化的浪潮中，既不失去民族特点，又不失去文化魅力。

案例二：纽约城市变迁的历史透视 [①]

纽约，作为国际大都市，其城市变迁的历史成为美洲城市发展的一个缩影。从早期的多元文化历史到现代的全球化趋势，纽约经历了艰难的开端、快速的发展、城市的衰退，以及在全球化趋势下逐步复兴的过程。

1492 年，哥伦布发现美洲大陆后，欧洲各国殖民者纷纷涌来建立毛皮贸易点，逐渐形成自由港，这便是纽约的前身。1624 年，荷兰人在曼哈顿建立了贸易站，将其命名为新阿姆斯特丹。1664 年，英国人接管了该地区，并将其更名为纽约。独立战争后，纽约的经济得到了快速发展，尤其是华尔街吸引了大量的英国资本，奠定了其作为美国金融中心的基础。对外贸易的扩展，尤其是与广州的贸易联系，进一步推动了纽约的经济增长。

19 世纪的工业革命为纽约带来了交通革命，伊利运河和铁路的建设使纽约成为美国的经济枢纽。人口的增长和城市的扩张，尤其是制造业的兴起，使纽约成为全美最大的商业和工业中心。然而，20 世纪初，纽约开始面临人口过度集中和城市拥挤的问题，制造业的衰退和第三产业的崛起导致了经济结构的重组。70 年代后期，纽约开始实施多种战略，包括工业园区和区域经济发展战略、振兴服务业等第三产业部门的战略，以适应经济全球化的趋势。进入 90 年代，纽约进一步发展成为国际金融中心，资本市场的活跃和服务业的增长，使纽约保持了其世界级大都市的地位。

纽约的城市变迁不仅呈现出经济和产业结构的变化，也体现出人口和社会结构的转变。面对全球化的挑战，纽约通过产业结构的重组和城市发展战略的实施，成功实现了经济的复兴和社会的多元化。纽约的故事告诉我们，城市的发展是一个动态的过程，需要不断地适应时代的变化，同时也要保护和弘扬自身的文化特色。

复习思考题

1. 什么叫城市？城市有哪些基本特征？

2. 简述城市具有的主要功能。

3. 什么是城市化？简述城市化的发展进程。

---

① 李三虎. 纽约与广州：一种城市变迁的历史透视 [J]. 探求，2002（2）：16-21.

第二章

城市群

第一节　城市群的界定

城市群是现代社会工业化和城镇化快速发展的产物，也是辐射和带动区域发展、促进城镇化水平进一步提高的重要依托，是加快工业化和城镇化进程中的重要战略支点。近年来，越来越多的国家都在加强城市群的发展，使其经济实力不断增强，对周边地区的引领、带动和示范作用日益凸显。本节通过介绍城市群的概念与由来，使读者对城市群有初步的认识。

一、城市群的概念

1957 年发表在《经济地理学》杂志上的《大都市带——或东北部沿海的都市化》一文，界定了城市群的基本特征和功能，包含有 2500 万人口的要求。1961 年出版的《城市群——城市化的美国东北部海岸》第一次正面提出城市群的概念。根据中国科学院的相关研究，城市群是指在特定地域范围内，以一个特大城市为核心，由至少 3 个都市圈（区）或大城市为基本构成单元，依托发达的交通通信等基础设施网络所形成的空间组织紧凑、经济联系紧密，最终实现同城化和高度一体化的城市群体。城市群的形成促进了工业化、城市化的发展进程，区域空间形态的高级演化过程能够产生巨大的经济集聚效益，标志着国家经济快速发展、现代化进程不断加快。

二、城市群的由来

目前，国际上比较公认的是法国著名地理学家琼·戈特曼（以下简称戈特曼）最先明确提出的城市群（megalopolis）的概念。1983 年，于洪俊、宁越敏在合作编著的《城市地理概论》中，首次使用"巨大都市带"的译名向国内介绍了戈特曼的思想，但并没有照单全收戈特曼的城市群理论，而是把长江三角洲沪宁杭城市带列入了"正在形成的新城市带"一类，与世界上5个已经形成的大都市带区分开来。1992年，崔功豪指出，特大城市和城市群是我们这个时代的特征，根据不同发展阶段和水平，可以将城市群结构分为：城市—区域、城市群组和巨大都市带3种类型。此后，不少专家学者还就城市群的概念、特征、成因、类型、作用及相关的概念进行了异常热烈的讨论，各持己见，莫衷一是。

在有关城市群的种种概念中，学者比较认同的是郁鸿胜研究员在其著作《崛起之路——城市群发展与制度创新》一书中的表述，即"城市群是在具有发达的交通条件的特定区域内，由一个或几个大型或特大型中心城市率领的若干个不同等级、不同规模的城市构成的城市群体。城市群体内的城市之间在自然条件、历史发展、经济结构、社会文化等某一个或几个方面有密切联系。其中，中心城市对群体内其他城市有较强的经济、社会、文化辐射和向心作用"。

第二节　城市群的培育与发展

集群是城市群的基本实体，也是城市群得以形成和发展的基本标志，包括城市集群和产业集群两大类型。产业集群是产业布局的空间形态，反映城市群地区产业体系的联系特征，为城市集群的形成和发展提供产业支撑，也会影响城市集群的关联程度和关联范围。本节从城市体系与产业共生圈两个方面，介绍城市群如何培育与发展。

一、城市集群的培育与发展：城市体系

城市群是相近或相邻城市的集群，反映了城市化的城市集群化趋势，由此而形成的城市集群，也就具有客观必然性。在城市群地区，城市集群作为城市布局的空间形态，是包括核心城市在内的所有城市的空间布局，从而形成以核心城市为中心的城市体系。

城市体系是相互依存、相互作用的城市集合，是在一定的区域范围内，具有密切关联的不同规模、不同职能的城市所构成的城市系统。1950年，美国地理学家奥蒂斯·达德利·邓肯在《大都市与区域》中，首次引入"城市体系"（urban system）的概念。很快地，这个概念被学术界广泛引用，政府在城市规划和建设中，也注重了城市体系的规划和建设。

二、产业集群的培育与发展：产业共生圈

产业集群又称产业簇群、产业群，一般又与企业集群通用，是指在相同或相近产业领域内，一组企业在地理上的靠近并相互联系而出现的产业连续发展分布状况。能使企

业在地理上靠近的最佳区位当然是城市，以及城市近郊的经济开发区、工业园区或工业集聚区。所以，产业集群都落脚于城市，成为城市化进程中产业布局的必然景象。尤其是在城市集群的城市群地区，产业集群几乎是与城市集群伴生，不仅成为城市集群的产业支撑和经济链接，甚至会影响城市集群的松紧程度和关联范围。因此，对城市群来说，产业集群与城市集群具有同等重要的作用与意义，是成为城市群"群集"要素的不可分割的两个方面。可以说，城市群的产业集群是单个城市产业集群发展的必然趋势，也是产业集群的高级形态，其形成和发展的关键在于相邻或相近城市之间逐渐形成产业共生圈。

产业共生（industrial symbiosis）的概念是从自然生态系统的"共生"概念逐步演化形成的，而"共生"概念又是德国生物学家安东·德贝里于1879年提出的。1976年，在联合国欧洲经济委员会举办的"无废物技术和生产"会议上，与会者提出了最初的关于产业共生的构想，他们认为在工业生态系统中，可以使"能量和物质消耗被优化，一个过程的输出品成为另一个过程的原材料"。实际上，这是循环经济的最早表述，由于受到广泛重视，一些管理学家、经济学家和实业界领袖也参与了讨论，"产业共生"的概念不断得到丰富和发展。在我国，城市群地区的产业共生也正在兴起和发展，在相邻或相近城市之间形成了"产业共生圈"。

第三节　中国城市群的发展

我国城市群的发展总体上表现为地理空间上的集群特征突出，但城市间合理功能关系尚未形成，空间开发利用粗放、生态空间锐减，区域生态环境问题严峻，资源保障压力加大，治理机制有待健全。本节主要介绍中国城市群的形成、特征及存在的问题，以四大城市群为例阐明了发展趋势。

一、中国城市群的形成

城市集聚与城市群的形成与生产力发展和人口增长密切相关。20世纪中期，世界城市化现象日益明显，但当时中国由于受生产关系的桎梏，生产力仍然十分落后，城市发展缓慢。许仕廉的研究表明，1912年，中国人口约有3亿人，居住在农村地区的占66%（比例偏低），居住在2500～10000人的集镇（以农民与商人为主）的约占22%，真正居住在城市的人口不足12%（其中，居住在10001～50000人与50000人以上城市的人口各占一半）。

中国属于发展中国家，历史上不仅自然灾害频繁，而且政局不稳，战乱也多，因此，城市发展较为落后，城市群发展也很缓慢。据《中国历史地图》一书的数据，20

世纪 30 年代，中国有 207 个城市，其中，10001～50000 人的镇有 68 个，50000 人以上的城市有 7 个，约占 3.4%。当时出现的长江三角洲（以下简称长三角）、珠江三角洲（以下简称珠三角）、辽宁省与河北省的一批城市地带，是具有一定规模的城市集聚区域，但城市群尚发育不完善。20 世纪 80 年代以来，中国政府推行优先发展中小城市的政策。这一政策在具体执行中出现了一系列问题，如产业聚集不足、缺乏规模经济效益、生态环境恶化等。进入 21 世纪，在总结改革开放以来中国城市建设的经验教训的基础上，中国政府开始调整政策，转向实施以城市群为主导的发展模式，即依托大城市发展若干城市群和城市带，希望最大限度地发挥出城市群对区域经济的带动作用。

二、中国城市群的特征及其问题

（一）我国城市群发展的特征

随着区域性公共问题的不断凸显，城市间通过合作提升整体竞争力的愿望日益增强，各种类型的合作不断开展，在促进区域一体化方面取得了一些成效，尤其在珠三角、长三角等城市群比较突出。城际合作领域不断拓展，在交通、能源基础设施、环境保护与生态建设、公共服务、社会管理等方面的合作，有所推进。

政府在合作中发挥着主导作用。我国城市群的治理方式主要以政府为主导，包含两种主要模式：一是上级政府主导下的治理模式。包括中央政府和省级政府两个层面，以区域规划的形式指导城市群发展。近年来，中央政府和省级政府出台了很多各类近似城市群的规划或意见。在保障规划实施方面，省级政府做了大量的工作，长三角城市群三省一市设立了"长三角合作与发展共同促进基金"等。二是城市政府间的治理模式。城市地方政府间通过建立"高层领导联席会""城市地方政府联合会""城市联盟"等机制，制定政府间合作协议、共同编制各类城市规划和实施计划，促进城市间的合作。我国的主要城市群可扫二维码查看。

我国的主要城市群

（二）我国城市群发展存在的主要问题

1. 核心城市发展质量有待提升，城市间功能关系不协调

从整体上看，在现行财税体制和政绩考核制度下，每个城市仍以自身经济利益最大化为目标，争相发展利大税高产业，导致城市间恶性、同质竞争愈演愈烈，城市间应有的产业链分工和合作关系尚未形成。核心城市与中小城市间的专业化分工不明显，城市功能缺乏特色。部分城市在各自行政区范围内构筑自我封闭、自我配套的经济结构体系，限制生产要素的跨行政区自由流动，制约了城市群的自然成长发育。如京津冀城市群中，河北省的每个城市都有钢铁工业，就连以度假旅游为核心优势的秦皇岛市，规模以上金属冶炼及压延加工企业也有 35 家，钢铁工业的分散布局对京津冀生态环境保护和水资源供给都带来了严重影响。

2. 生产生活空间利用粗放，生产生活生态空间冲突加剧

生产生活空间利用粗放，生态空间不断被城市建设挤占，农业用地空间迅速减少。经过近几十年的高速发展，我国一些城市群的国土空间开发强度已经非常高，如珠三角、长三角和京津冀城市群的开发强度已经超过或接近25%，远高于世界上的一些城市密集区域，如日本三大都市圈的开发强度仅为15.6%，德国斯图加特地区为20%，法国巴黎地区为21%，而相应的产出却比这些区域低得多。再如珠三角近20年来建设用地年均增长11%，耕地和林地呈快速减少态势，根据各市城市规划建设总规模汇总，至2020年，珠三角城市群建设用地面积超过土地总面积的30%，工业用地占总建设用地面积的比例将可能超过合理上限的警戒线。这种情况一方面将造成城市可开发利用的空间锐减；另一方面，由于城市土地的利用成本快速上升，城市更新改造面临较大的困难。同时，城市边缘区无序蔓延，城乡景观混杂等问题也较为突出。

生产生活生态空间冲突加剧。核心城市生态空间制约了外围城市生产空间的扩展，以京津冀城市群为例，张家口和承德作为京津两大直辖市的重要生态屏障和主要水源地，生产空间扩展受到抑制，而生态空间范围要求提高，但在生态补偿机制不健全的情况下，两市经济发展受到较大影响。外围城市生产空间扩张无序导致工业围城问题突出，在缺乏统筹布局和有效管控措施的情况下，外围城市从各自利益出发，分散布局各类工业园区，使得中心城市被大量工业用地包围，对核心城市及区域的生态环境造成严重的影响。

3. 城市间合作深度不够，治理机制有待健全

近年来，尽管城市群在推进区域一体化和协同发展上不断达成共识，相关制度和政策措施不断推出，在一些领域也取得了明显的成效，但多数合作的层次仍比较低，很多事项雷声大、雨点小，重开会、轻实施，协议多、推进少，尤其对跨省城市群，城市间的实质性合作推进步伐仍比较缓慢。

目前，城市间合作主要以政府为主导，多元主体参与的治理模式发展缓慢，各类企业、居民及社会组织主体还远远没有参与到城市及城市群的治理当中来。跨省城市群缺乏明确的治理主体，城市间组织机制松散。城市间自发形成的合作组织，多靠地方领导人推动，一旦地方领导调动便容易使合作机制架空。治理方式主要停留在各种会议制度与单项合作机制上，一般采取集体磋商的形式，相关城市间利益冲突、激励和约束、财政分担和资金管理、监督检查等制度化机制欠缺。城市间开展合作的专门性法律法规缺失，关于如何处理政府间关系，以及地方政府在府际合作中的权利、责任等方面的内容都没有涉及。

4. 区域资源环境问题加剧，基础设施建设缺乏统筹

目前，我国部分城市群，特别是发达地区的城市群面临的资源环境问题已经十分严峻，表现在大气污染加剧、酸雨频繁、水质污染、水资源短缺、土壤污染严重、生态恶化、生物多样性减少等。由于盲目发展高耗水工业，地下水位下降严重，地面沉降面积

越来越大，已经严重威胁到大城市的安全。早些年，长三角城市群只有钱塘江和太湖水域的部分水质达到饮用水标准，其他河流湖泊的水质均出现严重问题，本是水资源十分丰富的区域，却因为环境污染造成水质性缺水。城市群中跨界资源利用和生态环境保护的矛盾和冲突不断加剧，已经严重影响到居民的日常生活和生产发展的正常秩序。

在区域基础设施建设方面，短缺与重复建设并存。区域性重大交通基础设施建设尚不能满足人口和产业高度集聚的需要，区域路网布局不完善，结构不合理；各种交通运输方式间发展不平衡且缺乏有效衔接，导致旅客和货物换乘、换装不便，综合运输效率不高，各种运输方式之间存在政策规范不一致、技术标准不一致、信息平台不共享等问题。

三、中国四大城市群及其发展趋势

在当前全球化时代的国际竞争格局中，一个国家的综合竞争力，越来越取决于是否有若干综合经济实力强大的城市群与全球城市区域。伴随信息化和经济全球化的发展，城市群已成为世界城市化的主流趋势。在中国，受技术革新、要素流动和产业更新换代等因素影响，区域经济也正由传统的省域经济与行政区经济向城市群经济转变，城市群已成为中国区域发展的主要空间形态。

随着我国城镇化水平的提高，城市群已经成为地区发展的趋势。放眼全球，众多国际大都市都是各大城市群的龙头，如纽约、东京、伦敦、芝加哥等城市群，是区域内各大城市发展到成熟阶段的最高组织形式。中国四大城市群将开启崛起模式。主要包括长三角城市群、京津冀城市群、粤港澳城市群和成渝城市群。

（一）长三角城市群

2024年7月25日，长三角区域合作办公室在上海发布《长三角地区一体化发展三年行动计划（2024—2026年）》（以下简称《三年行动计划》），指出长三角城市群是我国经济发展的重要引擎，也是我国最具活力、开放程度最高、创新能力最强的区域之一。该城市群承担着建设世界级产业集群、引领一体化高质量发展的重任，并致力于在培育新质生产力方面带好头，为推动形成我国高质量发展的新引擎探索出更多可复制可推广的经验。

长三角城市群以上海为核心，涵盖江苏省的南京、无锡、常州、苏州、南通、盐城、扬州、镇江、泰州，浙江省的杭州、宁波、嘉兴、湖州、绍兴、金华、舟山、台州，以及安徽省的合肥、芜湖、马鞍山、铜陵、安庆、滁州、池州、宣城等26个城市。该区域总面积21.17万平方千米，人口众多，经济发达。2023年，长三角地区生产总值约为30.5万亿元，占国内生产总值的比重约为24.2%。截至2023年，长三角地区常住人口2.38亿人，占全国人口的比重约为16.9%，即全国每6个人中就有一个生活在长三角。目前，长三角城市群已跻身国际公认的全球六大城市群之一，其经济实力、科技创新能力、交通便捷性等方面均处于全球领先地位，是全球经济发展的重要引擎之一。

就规划而言，《三年行动计划》从9个方面提出了165项重点任务，包括加强长三角科技创新跨区域协同、协同建设长三角世界级产业集群、加快完善一体化发展体制机制、加快提升区域市场一体化水平、积极推进长三角区域高层次协同开放、切实加强生态环境共保联治、积极探索建设中华民族现代文明、有力拓展城市合作的广度和深度、着力提升安全发展能力等。

（二）京津冀城市群

《京津冀都市圈区域规划》是国家"十一五"规划中一个重要的区域规划。规划按照"2 + 8"的模式制定，包括北京、天津两个直辖市和河北省8个次中心城市。2015年4月30日，中共中央政治局召开会议，审议通过《京津冀协同发展规划纲要》。其中明确了北京、天津、河北三地的区域定位，并进一步明晰了产业布局、产业转移对象等事宜。从目前取得的成就来看，截至2023年，京津冀地区生产总值为10.4万亿元。同时，区域营运性铁路总里程达到9400千米、高速公路总里程达到1.1万千米，航空旅客吞吐量达到1.23亿人次，交通发展成就显著。在科技创新方面，北京流向津、冀的技术合同成交额为748.7亿元，京津冀地区"小巨人"企业平均专利申请总量为113.3件/家，其中，发明专利占比超五成，形成了"北京研发、津冀制造"的产业协同模式，推动区域经济高质量发展。京津冀城市群在经济发展、人口规模与结构、交通发展、科技与创新及区域协调发展等方面均取得了显著的成就。未来，随着京津冀协同发展战略的深入实施，城市群的整体竞争力和影响力将进一步提升。

京津冀城市群其实是首都经济圈的升级版，包括北京、天津两大直辖市，以及河北的石家庄、保定、唐山等11个地市，再加上河南的安阳市。京津冀城市群目前在综合实力上与长三角、珠三角有一定差距，除了北京、天津外，经济最强的为唐山。而唐山的经济总量，不如长三角的常州和粤港澳的东莞。但是京津冀城市群拥有政策优势、高校教育优势，同时也是中国传统的工业基地。随着天津、唐山、石家庄及雄安新区的建设和发展，京津冀城市群基本已经坐稳中国第三大城市群的位置。

首都经济贸易大学教授祝尔娟认为，在全球化和知识经济时代，创新成为经济发展与国际竞争的决定性因素。"在后金融危机时代，发达国家强调要突破行业、区域、国别界限，构建能最大限度地整合全国乃至全球资源的'创新共同体'，以保持其科技创新的世界领先地位。""到21世纪中叶，京津冀一体化将重现当年洛杉矶的崛起，这是一个世纪性的超级大国事件。"著名经济学家、北京大学经济学院教授曹和平表示，京津冀一体化可能涉及50余个县，经济整合规模或达1.5亿人，其规模将远远大于当年洛杉矶城市群。

（三）粤港澳大湾区

粤港澳大湾区是指由广州、深圳、佛山、东莞、惠州、珠海、中山、江门、肇庆9

市和香港、澳门 2 个特别行政区组成的城市群，是和美国纽约湾区、旧金山湾区和日本东京湾区并肩的世界四大湾区之一。总面积约 5.6 万平方千米，总人口达 8700 万人。粤港澳大湾区在金融、航运、制度、科技创新等方面有着无可比拟的优势，是中国最繁荣的地区之一。从热力图来看，香港、深圳、东莞、广州、佛山等城市都已经连绵成片，在都市发展连续性这一块，粤港澳大湾区强于长三角城市群。

根据《粤港澳大湾区发展规划纲要》，粤港澳大湾区的战略定位是充满活力的世界级城市群、具有全球影响力的国际科技创新中心、"一带一路"建设的重要支撑、内地与港澳深度合作示范区，以及宜居宜业宜游的优质生活圈。至 2022 年，国际一流湾区和世界级城市群框架基本形成。区域发展更加协调，分工合理、功能互补、错位发展的城市群发展格局基本确立；协同创新环境更加优化，创新要素加快集聚，新兴技术原创能力和科技成果转化能力显著提升；供给侧结构性改革进一步深化，传统产业加快转型升级，新兴产业和制造业核心竞争力不断提升，现代服务业加快发展；基础设施支撑保障能力进一步增强，城市发展及运营能力进一步提升；绿色智慧节能低碳的生产生活方式和城市建设运营模式初步确立；开放型经济新体制加快构建，文化交流活动更加活跃。

（四）成渝城市群

成渝城市群（位于长江经济带）以成都、重庆为中心，包含了四川的自贡、泸州、德阳、绵阳、遂宁、南充、宜宾、资阳等 15 个市，以及重庆的渝中、万州、黔江、涪陵等 27 个区（县），总面积 18.5 万平方千米。国家在最新城镇化发展的要求中，已经明确要求以重庆、成都为中心，引领成渝城市群发展，并且把成渝城市群与长三角、粤港澳、京津冀三大城市群放在一起。所以，成渝城市群已经被誉为中国第四大城市群。虽然成渝城市群的经济发展与其他传统城市群相比，并无多大优势，但是得天独厚的区位优势，已经让这个位于西南的城市群走上了经济发展的快车道。

以 2011 年获批的《成渝经济区区域规划》为依托的成渝城市群，横跨四川省和重庆市，以成都、重庆两城市为核心，包括四川省内 11 个城市及重庆整个地区。

从资源和区位优势看，成渝位于全国"两横三纵"城市化战略格局中的沿长江通道横轴和包昆通道纵轴的交会处，是西部地区发展基础最好、资源环境承载能力和发展潜力最强的地区之一，具备打造成有全国性影响、辐射带动西部地区发展的城市群的基础条件。所以，将成渝城市群纳入国家级城市群，有利于改善我国城市群数量不足、空间分布不合理等问题，更有利于增强西部地区的自我发展能力，缩小地区发展差距，形成东中西良性互动和协调发展的局面。这样，不仅可以彻底改变重庆成都双核独大的局面，还可以补上两地中小城市"塌陷"的短板。成渝城市群的经济总量、密度、综合竞争能力仅次于长三角、珠三角、京津冀，距离成为"中国经济第四极"并不遥远。

除了上述四大城市群外，中国还有中原城市群、关中平原城市群、辽中南城市群、海峡西岸城市群等。这些城市群都是各自地区发展的最强组织形态，同样形成了以西

安、郑州、沈阳、厦门等城市为核心的发展规划。核心城市的快速发展，以及城市群的战略规划，让中国各大城市真正感受到了国际化大都市的进程。

第四节　国际城市群的发展

欧美发达国家城市群发展迅速，较早进入了信息化时代，处于城市化的高级阶段，其发展经验非常值得中国借鉴。本节以美国东北部大西洋沿岸城市群、北美五大湖城市群、日本太平洋沿岸城市群、英国伦敦城市群及欧洲西北部城市群等五大国际城市群为例展开介绍，阐述城市群的形成缘起及对周边城市经济发展的带动作用，为未来城市群的发展提供思路与方向。

一、美国东北部大西洋沿岸城市群

美国东北部大西洋沿岸城市群是世界六大城市群之一，被公认为综合实力最强的城市群。它以纽约为中心，包含波士顿、费城、巴尔的摩和华盛顿等主要城市，北起缅因州，南至弗吉尼亚州。纽约距城市群北端的波士顿约 350 千米，距城市群南端的华盛顿约 370 千米。城市群占地 13.8 万平方千米，占美国总面积的 1.5%。2015 年，城市群总人口达到 5345 万人，占美国总人口的 17%，预计 2025 年人口将达到 5840 万人，2050 年人口达到 7080 万人，这将比 2010 年增加 35.2%。

美国东北部大西洋沿岸城市群主要有以下两大特点：一是多级的人口发展格局。美国东北部大西洋沿岸城市群的城镇体系呈金字塔形结构，城市群的增长由纽约、波士顿、费城、巴尔的摩、华盛顿等中心城市逐步向外辐射和扩展，出现纽瓦克、卡姆登、安纳波利斯等次级中心城市，各等级城市相互交织构成该城市群的城市网络。二是完善的产业层级结构。纽约作为城市群中最核心的城市，处于产业层级结构的顶层，它同时位于城市群地理位置的核心，能够充分发挥辐射和带动作用。纽约是美国人口密度最大的大城市，是一座具有世界影响力的城市，是全球金融中心，在商业、文化、娱乐、科技、教育、研究等领域也具有举足轻重的地位。纽约集中了众多全球性跨国公司的总部，是联合国等重要国际组织的所在地，也由此聚集了各类专业管理机构和服务部门，形成了强大的全球服务、管理的控制中心。

二、北美五大湖城市群

北美五大湖城市群的组成城市超过百个，其中较大的城市包括芝加哥、底特律、密尔沃基、大急流城、克利夫兰、辛辛那提、匹兹堡、布法罗、多伦多、渥太华和魁北克市等。若把五大湖地区看作一个独立的经济体系，它将是世界上最大的经济体之一。五

22

大湖拥有全世界 1/5 的地表淡水，其湖岸线总长度为 17017 千米。拥有世界上最大的湖运体系。北美五大湖城市群分布于五大湖沿岸，从芝加哥向东到底特律、克利夫兰、匹兹堡，一直延伸到加拿大的多伦多和蒙特利尔。

美国的"钢铁城""汽车城"都在这里。钢铁行业集中在匹兹堡，汽车行业集中在底特律及周围地区。这里有美国通用、福特和克莱斯勒三大汽车公司，其销售额约占美国汽车行业总销售额的 80%，是一个巨大的世界工厂。伊利湖、苏必利尔湖、安大略湖、密歇根湖和休伦湖地处北美洲中部，呈不规则形态分布在美国与加拿大之间。由于美国人在历史上开通了运河，将 5 个湖泊连为一体，形成了一条镶嵌在北美广袤土地上的蓝色玉带，养育着千千万万的美国人和加拿大人。五大湖是世界上最大的淡水湖水系，面积约 24.6 万平方千米。负责监测五大湖环境状况的组织"大气沉积共生网络"是由美国、加拿大两国合作组建的一个专门机构。多年来，该组织在各大湖周围建立了一系列监控站，利用气象卫星监测五大湖的情况。美国航道网以密西西比河和五大湖为主干。密西西比河和伊利运河（长 584 千米，1825 年建成，沟通伊利湖与哈得逊河流域），对美国的中西部经济的早期开发起到了重要作用。

三、日本太平洋沿岸城市群

日本太平洋沿岸城市群，其核心组成部分是东京都市圈、名古屋都市圈和大阪都市圈。这三大都市圈也包括三大都市圈外的日本太平洋沿岸其他城市。区域面积 3.5 万平方千米，占日本国土的 6%。人口将近 7000 万人，占全国总人口的 61%。二战以后，日本在美国的扶助下重建经济体系，形成了东京湾、伊势湾、大阪湾及濑户内海的"三湾一海"沿岸地区，内含京滨、名古屋、阪神、北九州四大工业区，其工业产值占全国的 65%，全日本 80% 以上的金融、教育、出版、信息和研究开发机构分布于该区域。

明治维新到第二次世界大战期间，日本工业化快速推进，低端的劳动密集型和资源密集型产业迅速崛起，日本人开始以"流民"形式从农村进入沿海城市。一战后，日本的国内工业总产值首次超过农业，日本城市化开始进入加速发展阶段。尽管在二战期间，东京、名古屋、大阪等城市遭受到严重的破坏，但在美国的扶持下，日本开始快速地恢复了工业化和城市化。1954—1973 年是日本工业发展的黄金时期，城市化也进入了加速期，在 1975 年达到了 75.9%，实现了人口城市化。该期间，日本注重培育太平洋沿岸带城市群，计划在太平洋沿岸建设以东京为核心的首都都市区，以大阪为龙头的近畿都市区，以名古屋为首的中京都市区及 10 个规模不等的城市集群。同时，明确重要城市的功能定位，以促进城市群内的协调发展。目前，东京市主打旅游和国际会展。大阪市是商业资本的集中地，各类商业服务较为发达，其周边地区是松下电器等电子厂家聚集地。神户市是重要的港口和工业城市。名古屋都市区是日本重要的工业集聚区，汽车和机械制造业较为发达。

四、英国伦敦城市群

20 世纪 60 年代，随着家庭小汽车的普及与居民对高生活质量的追求，英国大城市人口开始大量向郊区和小城镇迁移，城市周边卫星城镇迅速兴起，并逐渐于 20 世纪 70 年代形成了英国伦敦城市群，也称伦敦都市圈，又称伦敦—伯明翰—利物浦—曼彻斯特城市群。它以伦敦、利物浦为核心城市，包括大伦敦地区、伯明翰、谢菲尔德、利物浦、曼彻斯特等大城市和众多中小城镇，是世界上地域面积最小、发展最早、城市密度最大的世界级城市群。整个区域总面积约 4.5 万平方千米，人口 3650 万人，是工业革命后英国主要的生产基地和经济核心区。伦敦既是英国的政治中心，也是许多国际组织总部的所在地，作为世界历史文化名城，众多的世界级历史文物、博物馆和著名新闻机构集中于此，这一切都决定了第三产业在伦敦发展尤为突出。同时，伦敦也是世界最大的国际港口和航运市场之一，世界上所有的主要航运、造船和租船公司，都在这里设有代表机构。伦敦港是英国最大，也是仅次于鹿特丹、纽约、横滨和新加坡的世界著名港口之一。作为都市圈龙头，大伦敦地区先是在 20 世纪 70 年代末到 80 年代初，实现了金融业和制造服务业对传统工业的取代，此后 30 年，以法律服务、会计服务和商业咨询为主的商务服务业又在伦敦异军突起。而在过去的 10 年，随着金融服务业发展趋缓，创意产业开始为伦敦注入新的发展动力。在整个大伦敦地区，创意产业每年创收约 210 亿英镑，占伦敦年度经济总增加值的 16%，有 50 万人从事创意产业。创意产业目前已经成为仅次于金融服务业的伦敦第二大支柱产业。

五、欧洲西北部城市群

欧洲西北部城市群位于大西洋东岸，城市群内的地势以丘陵和平原为主，河流众多，水力资源丰富，多数城市沿莱茵河、塞纳河等河流分布。城市群总面积 145 万平方千米，总人口 4600 万人，10 万人口以上的城市有 40 多座，主要城市包括巴黎、阿姆斯特丹、鹿特丹、海牙、安特卫普、杜塞尔多夫、布鲁塞尔、科隆等。

19 世纪 30—60 年代，德国、法国、比利时等西欧国家相继完成工业化，同时，凭借优越的港口条件与船运优势，荷兰的海上运输及贸易获得快速发展。工业与海外贸易的发展，推动了西欧各国城市快速扩张与有序城市化。在上百年的城市化进程中，西欧各国有效处理了地区之间、城市之间乃至国家之间的利益关系，并逐步建立了良好的区域协作制度体系。巴黎向北延伸经里尔大都会，进入比利时首都布鲁塞尔，经安特卫普市往北，连接荷兰布雷达、鹿特丹、海牙、阿姆斯特丹、乌得勒支等城市，与处在莱茵—鲁尔地区邻近法国、荷兰、比利时等国的城市，共同构成了城市密集、互联互通、关联紧密的"多心多核"城市群体系，主要包括大巴黎地区城市群、荷兰兰斯台德城市群、莱茵—鲁尔区城市群。

第五节　城市群发展的经验与启示

通过对中国四大城市群及五大国际城市群的概述与介绍，我们梳理了城市群的发展历程和概况，对于城市群的起源及特点有了较为清晰的认识，本节对城市群的发展特点加以阐述，总结有关城市群发展过程中的经验启示。

一、城市群的发展特点

（一）通过区域规划指引城市空间扩张

纵观上述相关城市群的发展历程和规划历程，其空间扩张均受到区域规划的指引。通过空间规划合理引导产业和人口集聚，强化土地的集约节约利用，保护绿色休闲空间和历史文化遗产，协调区域均衡发展。伦敦都市圈城镇布局和建设用地扩张主要沿规划的环状放射交通网络，由此形成多个圈层的空间结构。尽管巴黎都市区规划未有效地抑制郊区的无序扩张，但其空间扩张基本上遵循了以往的发展规划，强调了中心城区与新城及卫星城的协调发展，都市圈空间结构已形成了"多中心＋轴线"式。二战之后，日本大力扶持东京的经济发展，大量人口及企业向东京集聚，东京都很快发展成为日本最发达的地区，并成为全国重要的增长极。这种"单极"的空间发展结构导致东京过度拥挤，区域发展不平衡，不利于国家整体竞争力的提高。因此，日本政府提出发展都市圈副中心，培育发展东京周边的卫星城镇，重组经济空间结构，促进"多心多核"空间结构的形成。

（二）以核心城市带动周边地区发展

各大都市圈内部城市产业分工明确。核心城市人口规模和经济总量在整个区域内占据着重要地位，控制着资本、信息等生产要素的流动，处于大都市圈内生产网络的核心环节，根据GaWC（Globalization and World Cities Study Group and Network，全球化与世界城市研究网络）2020年的排名情况，世界十大城市按排名先后分别是伦敦、纽约、香港、新加坡（市）、上海、北京、迪拜、巴黎、东京、悉尼。是全球重要的经济增长极，对整个大都市圈的社会经济发展起到明显的辐射带动作用。2019年，东京GDP占日本GDP的34%，伦敦GDP占英国GDP的33.5%，纽约GDP占美国GDP的9.2%，均为各经济体的经济中枢。

（三）建立高效运转的交通网络体系

发达、完善的交通基础设施对大都市区产业空间演化、区域一体化、综合竞争力提升具有重要的作用。各大都市区依托发达的交通网络体系，与周边城市，甚至全球其他城市建立了密切的经济往来。例如，伦敦都市区已形成了"环形＋放射状"的公路交通网络。伦敦拥有6座机场，即希思罗、盖特威克、斯坦斯特德、卢顿、绍森德、伦敦城市机场。2023 年，希思罗机场旅客吞吐量在全球众多机场中排名第四，货邮吞吐量排名第十六。在空运方面，东京是重要的国际航空港，每天都要承担全世界大量的客运和货运服务。城市交通方面，东京的交通网络格局是环状加放射状的轨道交通，主要环状道路包括东京高速中央环线、东京外环线和东京圈环线，放射状则由JR线和私营铁路线构成。轨道交通形成了内部为地铁网络、中间为JR山手线环状通勤廊道、外部为放射状铁路的结构。

（四）注重人才培养和科技创新

综合科技实力决定了大都市区参与经济全球化的竞争力，也决定了其在全球产业链中的地位，是影响区域可持续发展的重要因素之一。因此，各大都市区均重视人才培养和科技创新。东京都市圈从传统工业区快速转变为当今具有现代化特征的特大都市圈，并成为全球最具创新性的都市圈之一，与其高度重视科技创新密不可分。20 世纪 70 年代，东京都市圈经历了高速的工业化进程，产业结构重型化明显，产品附加值较低，因此，开始大规模地引进国外先进的生产技术，并在此基础上加以创新。同时，东京都市圈既注重科技人才的培养，也重视技术研发企业、研究所、大学与企业间的科研合作。东京都市圈集聚了全国 1/3 的大学，就读学生占全国大学生总数近一半。巴黎都市圈依托雄厚的科技资金投入和强大的科研机构，在飞机、汽车、电器、化工、医药、核技术等方面拥有先进的生产技术。2022 年，巴黎大区的研发经费为 213 亿欧元，在欧盟研发经费中占比约为 18.14%。巴黎萨克雷大学在 2022 软科世界大学学术排名中位于第十六名，在欧洲大陆中排名第一，在数学科类中排名世界第一，在物理科类中排名世界第九。欧洲最大的科技展会之一——法国第七届"科技万岁"科技创新展于 2024 年在巴黎举行。

（五）完善法律法规和城市管理体系

大都市圈作为一个复杂的社会经济系统，其发展得益于其有效的管理体制和政策创新，在各大都市区的发展过程中，政府的行政管理体系影响着其演变进程。政府除了牵头组织区域发展规划外，还制定了各种保障措施，并将其法治化。例如，伦敦市政府颁布了《绿带法》《新城法》等法律文件以保障伦敦都市圈规划的顺利实施。巴黎市政府通过法律打破行政区划壁垒，对城市发展实行统一规划，以法律形式对城市进行规划。为了推动和保障东京都市圈的建设，引导其发展方向，日本国会先后制定了《首都圈整备法》（1956 年）、《首都圈市街地开发区域整备法》（1958 年）、《首都圈建成区工业等限制相关法律》（1959 年）、《首都圈近郊绿地保全法》（1966 年）和《多极分散型国土形成促进法》（1986 年）等多项法律法规。由于大都市圈管理涉及多级行政管理机构，故部分国家通过整合地方政府管理机构，打破行政界线对区域发展的制约。例如，伦敦都市圈先后经历了市与区的对抗、大伦敦议会的统一管理、大伦敦议会的分散管理、重新整合建立大伦敦市政府 4 个阶段，最终建立了都市圈内各城市相互协调的政府管理组织。1964 年，法国对巴黎市及其周边的市镇行政区划进行调整，成立巴黎都市圈政府。都市圈行政长官由其辖区民主选举产生，并负责整个区域的发展。

（六）关注社会公平与环境

在城市化进程中，城市问题和环境问题一直困扰着政府部门。郊区化导致发达国家中心城市衰退，城市中心成为穷人和流浪汉的集中地。为此，各大都市圈在规划和发展过程中均强调改善居民生活质量，兼顾社会公平，提升中心城区公共服务设施服务水平和能力，为低收入者提供廉价的住房或出租房，完善社会救助及医疗保障体系，提高居民生活福利。例如，伦敦都市圈为老人和弱势群体提供交通费补贴，通过技能培训为失业者提供再就业机会，公共与私营部门合作，加大住房供给。从历次的发展规划来看，各个大都市圈均重视自然环境保护，强调人与自然和谐共处，要将城市建设融入大自然当中。例如，历次伦敦都市圈发展规划均重视绿带、滨水空间、地方公园、绿色走廊等开放空间的建设。目前，伦敦是世界公认的绿色城市和最适宜居住的城市，其公共基础设施及相关配备等都被国际社会所推崇。纽约都市圈认为环境资源已成为后现代时期可持续发展的宝贵资源，应系统、科学地分析和预测人口规模增长、自然资源消耗与供给、环境变化与经济增长的关系。20 世纪 70 年代末，巴黎大区就提出绿色空间计划，即建立地区开放式绿色空间系统，通过绿带系统及沟壑绿化将城市绿色空间与乡村边缘的农业和植被空间串联起来。此外，巴黎大区充满着和谐友善、多元的文化，是多数人所向往的地方。巴黎大区投资促进局、巴黎大区工商会和巴黎大区研究院共同发布的《巴黎大区 2023 年资料与数据》显示，巴黎大区拥有 180 万左右的外籍居民，约占该地区人口的 14.5%，其中 47.7% 来自非洲，30.6% 来自欧洲，16.9% 来自亚洲和大洋洲，4.8% 来自美洲。

二、城市群的经验启示

在经济全球化的背景下，提高改革力度、引进外资和西方先进的技术和管理经验，可以增强中国城市群的活力。特别是中国沿海三大国家级城市群，可以更好地发挥其作用，使其成为中国式现代化建设的高地。

（一）以科技创新增强城市群核心竞争力

发达国家城市群中的核心城市是世界创新资源的主要集聚中心，是人类知识和核心技术的生产和推广的重要基地，引领着世界科技的潮流。例如，东京都市圈集中了全日本约 33% 的高校和 44% 的大学生，其中 90% 以上又集中于东京，形成了以东京为中心向周围辐射的大学集群发展样态（吴寒天、刘柳，2022）。全日本 1/3 的研究机构也聚集于此。纽约汇集了全美 10% 的博士学位获得者和 10% 的美国国家科学院院士，以及近 40 万名科学家和工程师。

改革开放以来，中国技术创新水平不断提高，从以政府主导的技术创新向自主创新转变。在此过程中，中国城市群承担了绝大部分技术创新的责任，特别是长三角、珠三角和京津冀地区。与发达国家城市群相比，中国城市群在科技创新平台、科技宣传与推广平台、创新投入和产出等方面仍然具有较大差距，限制了城市群综合竞争力的提升，不利于中国参与全球竞争与合作。与发达城市群的核心城市相比，中国城市群重要城市的科技创新能力相对薄弱。因此，加强中国城市群科技创新能力，改变中国企业参与全球经济竞争的方式，提升核心竞争力，建设一批具有全球影响力的创新型城市是中国未来发展的重要举措。

（二）建设网络化、信息化基础设施

2008年国际金融危机后，中国通过加大基础设施建设以促进内需。2023年末，全国铁路营业里程达到15.9万千米，全国铁路路网密度为165.2千米/万千米^2，高铁营业里程达到4.5万千米。全国公路总里程为543.68万千米，公路密度为56.63千米/百千米^2。全国内河航道通航里程12.82万千米，全国港口生产用码头泊位22023个，万吨级及以上泊位2878个。颁证民用航空运输机场259个，其中定期航班通航机场259个，定期航班通航城市或地区255个。全国共有55个城市开通运营城市轨道交通线路306条，运营里程10165.7千米，车站5897座。

（三）创建优质的工作和生活环境

研究表明，在城镇化率超过30%的时候，"城市病"就开始出现。在城镇化率为50%～70%的阶段，"城市病"一般会集中暴发。改革开放以来，我国城镇化率大幅提升，虽然我国不断完善公共服务设施和市政设施，增加公共休闲空间，但"城市病"仍较为显著，居民的工作和生活环境存在不少问题。这些问题降低了城市的吸引力和发展活力，不利于可持续发展。可采取以下措施来应对"城市病"带来的问题：应加快农民工市民化进程，着力推动农民工逐步实现平等享受城镇基本公共服务和在城镇落户的权利。加大财政对学前、中小学学校、医疗机构及交通等基础设施建设的支持力度，鼓励民间资本投资基础教育、医疗及交通等，对外来务工随迁子女应给予同等的受教育权利。完善城乡社会保障和医疗保障体系，打破行政区划对个体社会保障和医疗保障资金流动的限制，建立全国统一的社会保障和医疗保障体系平台。利用城市与区域规划引导城市群内部人口和公共服务设施合理分布，公共服务设施建设资金应向乡村地区倾斜，建立均等的公共服务设施空间体系。大力推广节能减排技术，发展低碳经济、绿色经济，强化固体废弃物的分类处理和回收利用，增加公共绿地和休闲空间，建设环境友好型社会。

（四）制定与城市群发展规划相配套的法律法规

虽然国外发达城市群未编制整体的区域发展规划，但非常重视城市群内部核心地区的发展规划。1950年至今，东京都市圈根据其发展背景，不断地编制或调整发展规划以适应未来发展的需求。东京都市圈现已编制了5版基本规划，每版规划都使其法制

化，故操作性较强。目前，中国长江中游、海峡西岸、哈长、粤港澳大湾区等城市群发展规划已编制并通过审批，还有少数城市群发展规划正处于编制或审批中。因此，中国在编制城市群发展规划时，应同时制定与城市群发展规划相配套的法律法规，将城市群建设纳入正式的法律轨道。若各城市群发展规划难以适应需求，应及时调整完善，并修改配套的法律法规。

（五）发挥政府和非政府组织的协调作用

在城市群建设的过程中，也出现了各自为政的现象，恶性竞争、重复建设、产业结构趋同、区域生态环境治理失调等问题较为明显，城市群内部及城市群之间缺乏有效的协调机制，不利于整体社会经济的发展，制约了国家综合国力及竞争力的提升。城市群可持续发展是一个非常复杂的问题，涉及经济、环境、资源、人口和社会等因素，关系到系统内外的每个团体和个人。由于受资源、环境等因素的"外部不经济"和社会公平等影响，城市政府将在合作互动中发挥关键的协调作用。因此，首先要改变政府考核制度，从地方、区域，甚至国家3个层面对地方政府综合业绩进行考察，将考核的重心逐步从经济发展转向社会及公共服务等领域。其次，建立健全城市群的组织协调和政策保障机制，组建国家级城市群协调发展管理委员会及地方级城市群协调发展管理委员会。最后，从国家层面编制"一带一路"、长江经济带等重点区域城市群规划，引导区域内产业、基础设施的协调发展和生态环境的共同保护。

第六节　城市群案例

案例：粤港澳大湾区崛起世界级城市群

随着粤港澳深度合作区稳健起步，越来越多的人从澳门来内地工作、置业、生活。粤港澳大湾区建设，是习近平总书记亲自谋划、亲自部署、亲自推动的重大国家战略，是新时代推动形成全面开放新格局的新举措，也是推动"一国两制"事业发展的新实践。牢记总书记嘱托，粤港澳三地大胆创新、真抓实干，不断强化交通基础设施硬联通、规则机制软联通，不断提升市场一体化水平。

一、基础设施硬联通，"1小时交通圈"基本形成

根据《粤港澳大湾区发展规划纲要》，到2022年，国际一流湾区和世界级城市群框架基本形成。"随着城市的发展，资源要素突破城市边界，在地理空间邻近的数个城市之间集聚、扩散，优化配置，推动城市之间互联互通，继而形成城市群。"广东省体制改革研究会执行会长彭澎分析，粤港澳大湾区11个城市有人口8700多万，经济总量约12.6

万亿元，是我国开放程度最高、经济活力最强的区域之一。软硬联通并举，是高质量建设大湾区、打造世界级城市群的必然路径。看海上，黄埔大桥、南沙大桥、广深港高铁、虎门大桥、港珠澳大桥依次屹立，深中通道、狮子洋通道等4条通道加快建设，港口集装箱吞吐量超过8000万标箱。看陆上，干线铁路、城际铁路、城市轨道交通、有轨电车"四网融合"，运营里程近2500千米，大湾区公路网络不断完善，"轨道上的大湾区"加快形成；5座国际机场旅客吞吐能力超过2亿人次，世界级机场群布局进一步完善。随着莲塘/香园围口岸、新横琴口岸、青茂口岸相继开通，"一站式通关""合作查验、一次放行"等通关便利的落实，实现了2/3出入境旅客通过自助方式通关、基本实现排队不超过30分钟。广佛、深港、珠澳之间，"1小时交通圈"基本形成。

二、规则机制软联通，各方面衔接更加顺畅

近年来，粤港澳三地规则机制软联通加快实现，职业资格认可范围不断拓展。目前，在粤纳入就业登记管理的港澳居民超过8.51万人。随着职业资格认可、标准衔接范围持续拓展，在医师、教师、导游等8个领域，已有3000多名港澳专业人士取得内地注册执业资格。大湾区（内地）事业单位公开招聘港澳居民政策吸引超过1000人次的港澳居民报考，首批录取者已聘用到岗。同时，规则标准衔接进一步加强。跨境破产协助取得历史性突破；粤港澳三地调解、仲裁与诉讼有效衔接的工作机制建立，前海、南沙、横琴已实现港澳调解员共享；支持广州仲裁委员会上线全球首个亚太经合组织成员中小微企业商事争议在线解决平台；确定《金融自助设备运维服务规范》等作为成熟的大湾区标准。依托横琴粤澳深度合作区、前海深港现代服务业合作区、广州南沙自贸试验区等，大湾区探索"一事三地、一策三地、一规三地"，世纪跨境工程——港珠澳大桥顺利通车，曾经蕉林绿野、农庄寥落的横琴岛变为高楼林立的活力新区，注册澳资企业累计超4800家，成为澳资企业最密集的区域。

三、三地民众心相通，要素流通更高效

在携手共建世界级城市群的道路上，随着基础设施硬联通、规则机制软联通，三地要素流动更高效，湾区民众心相通、情更浓。首先是人员往来更便利。在大湾区，外籍人才工作许可和居留许可实现"一窗受理、并行办理"，审批时限由15个工作日压缩到7个工作日。2021年在大湾区换发补领港澳居民来往内地通行证3.76万张，为港澳居民提供身份认证服务1922万人次，切实便利港澳居民在内地生活发展。其次是资金流通更顺畅，粤港澳大湾区"跨境理财通"业务试点正式开通；贸易外汇收支便利化试点受惠面进一步扩大；广东财政的科研资金可以跨境直接拨付港澳研发机构使用，大型科研设备可以24小时预约"即报即放、到厂检验"通关。最后是营商环境更优化。国家营商环境创新试点城市加快建设，与共建"一带一路"国家和地区的经贸合作持续加强，对港澳企业设立实行商事登记"一网通办"，国际贸易"单一窗口"提供服务项目

超 800 个，政务服务事项最多跑一次率达 99.9%，网上政务服务能力排名全国第一。

复习思考题

1. 什么叫城市群？简述现代中国城市群的发展过程。

2. 简述国际城市群的不同发展特点。

3. 城市群主要功能体现在哪些方面？城市群的发展对国家带来了哪些经验启示？

4. 作为第六大国际城市群，请简述长三角城市群具有的优势。

第二部分

PART 2

城市管理理论

第三章

城市管理体制

第一节　国外市政体制概述

城市管理体制是城市政府组织结构、职能配置、管理方式和运行机制的总称。发达国家的城市管理体制具有多样性。中国城市权力机关为市人民代表大会及其常委会，市人民代表大会及其常委会是城市行政权和司法权的直接来源。研究城市管理体制问题，既要从中国国情出发，植根于国内政治和历史环境，总结自身的制度经验，也要具有开放性的视野，借鉴国外城市管理的有效制度建设。

一、城市政府的治理地位

城市政府的治理地位是指城市政府在府际关系中所处的行政地位，它反映了城市政府在公共事务治理中的自主程度。城市政府的治理地位受制于国家的结构形式。国家结构形式有单一制和联邦制之分。

单一制国家是由若干行政区域组成的主权国家，全国所有地方政府都必须接受中央政府的统一领导。在单一制下，地方与中央的关系不是法定分权关系，而是命令和服从关系，所有地方政府都必须接受中央政府的统一领导。

由于历史传统不同，不同的单一制国家，城市政府的治理地位也不相同。法国是中央集权的单一制国家，市镇是地方政府的基本构成单位，需接受中央和上级政府的行政管理，市镇的规模差别很大，既包括不到千人的小城镇，也包括巴黎、马赛、波尔多等大城市。英国也是单一制国家，但具有地方自治传统。英国最早通过《1888 年地方政府法案》（Local Government Act 1888）以法律形式赋予城市政府自主权。该法案建立了县议会，并在历史郡的基础上设立了行政郡。然而，为了更有效地管理大型城市和乡村地区，法案创建了 59 个"自治市镇"（county boroughs），这些城市被视为独立的行政区域，拥有自己的市政当局，负责当地事务的管理。

联邦制国家是由若干政治实体（共和国、州、邦）经过联合而成的主权国家。在联邦制结构下，联邦政府与成员政府实行法定分权，成员政府具有相对独立的政治地位。以美国为例，各州政府与联邦政府之间没有隶属关系，它们各自在宪法规定的范围内行使权力。联邦政府无权干预各成员政府之下的地方政府。由于设市的不同州政府的制度取向不同，因此，联邦制国家的市政体制具有多样性的特征。在美国，地方政府由各州设立，联邦政府无权管辖和干预。在州之下设有县（counties）、市（municipalities）、镇（townships），以及特区（special districts）和学区（school districts），县、市、镇，以及特区和学区之间没有行政隶属关系。其中，特区和学区履行相对单一的行政管理功能，它们与其他地方政府的管辖区域交叠。

美国联邦宪法没有涉及地方政府的规定，各州在遵守联邦法律的前提下，对地方政府享有全权，各州设置城市的标准不一样。

二、西方国家的城市自治制度

城市自治是指中央（联邦）政府或上级政府依法将城市公共事务的治理权交至经城市居民直接选举产生的自治机关，由该自治机关对城市公共事务实行自主管理。在城市自治制度下，自治机关并不拥有主权地位，其行使权力须有国家授权或依据国家法令，并且必须接受全国和上级政府的监督，但城市自治提升了市政府的民有、民享和民治程度。概括来讲，各国城市自治制度具有以下特点。

（一）依法划定城市自治机关的自治区

在地方自治制度下，市政府的自治权由宪法和法律规定，非经法律允许，中央（联邦）政府不得干涉城市自治范围内的事务，各国普遍制定有地方自治法律，城市自治不同于地方自治，中央政府保留维护国家主权（国防和外交）、制定全国性经济和社会政策、采取行动确保国家统一和团结等职权；城市自治政府主要承担与市民利益关系密切相关的事项，如教育文化、医疗卫生、住房道路、消防救灾、旅游发展、环境保护、城市规划等。

（二）市自治机关由城市居民直接选举产生

在城市自治制度下，市议员由市民直接选举产生。市民参与选举并有权决定城市自治机关人选，这是城市自治最显著的特征，发达国家的市议会和行政机关的规模普遍较小，市议会人数最少的只有几名议员，大城市（如纽约、巴黎）议会的议员也都在 100 人以下，市议员和市长大多数由市民直接选举产生，他们对市民负责，政府贴近基层、贴近民众，能够对市民需求及时做出回应。

（三）市政府负有推行市自治和执行中央政令的双重职责

市政府既承担着城市自治范围内的事务，同时也承担着一部分中央（联邦）政府委托的事项。一方面，市自治机关对城市公共事务享有广泛的管理自主权；另一方面，全国性法律同样适用于城市治理，遵守并执行这些法律是市政府的分内职责。城市政府在法律的框架内并在国家的监督和辅助下，根据当地居民的愿望和要求处理城市公共事务。

（四）市政府通过法律手段抵制中央越权干预

城市自治具有一定的保障机制，市政府可通过法律手段抵制中央干预城市自治范围内的事务。为了保障市政府的自治权力，西方国家在法律上做了一项制度安排，即当市政府认为中央政府干涉其自治事务时，可以向最高法院、专门法院或普通法院申诉，由法院进行裁决。这一安排使市政府可以在中央政府面前维护自身的合法权限。

（五）不同城市在法律关系上处于平等地位

不同城市自治机关之间没有行政隶属关系，市政府的自治权限都来源于法律规定，彼此在法律关系上处于平等地位。在实践中，由于大城市的公共产品和服务经常延伸到周边市镇的管理区域，大城市常常协调、指导并监督周边市镇的管理活动。

第二节　国外市政体制比较

市政体制，亦称市政组织形式，是关于城市政府的组织结构、职能配置、管理方式和运行机制的总称。西方国家的市政体制具有多样性，本节介绍的常见的市政体制有议会市长制、市长议会制、市议会制、市委员会制和议会经理制等，通过对比不同的市政体制梳理西方国家市政体制的共性特征。

一、西方国家的市政体制

（一）美国的市政体制

美国市政体制主要有市长议会制（强市长制）、议会市长制（弱市长制）、市委员会制和议会经理制4种类型。其中，实行市长制（包括强市长制和弱市长制）的城市约占43%，实行市委员会制的占3%，实行议会经理制的约占51%。

除大城市外，绝大多数城市议会的成员都是兼职的。人口在25万～50万的城市，大约有2/3的市议会实行专职议员制。专职议会大多实行市长议会制或议会市长制。在议会经理制下，只有10%的城市实行专职议员制。市议员选举有3种方式：第一种是分区选举，即划分选区，每个选区选出议员，美国约有15%的市议会实行分区选举。第二种是不分区选举，即在全市范围内选举议员。大约 5% 的城市实行不分区选举。第三种是混合选举，即议员选举由分区选举和不分区选举两种方式结合产生。由于这两种选举方式各有其利弊，混合选举就产生了。美国约 20% 的市议会实行这种选举方式。一般来自分区选举的议员有 2/3，来自不分区选举的议员有 1/3。

（二）英国的市政体制

英国是议会民主和地方自治制度的发源地，城市普遍拥有自治权。城市自治并不意味着市议会在所有事务上都拥有自主权。市议会掌握属于城市自治事务的自由裁量权，也有些城市事务由中央政府设立的派出机构直接管理。根据《地方政府法》的规定，市政府的主要职责包括：保障公共安全（警察、消防），提供基础设施，提供公园和休闲场所，维持公共秩序，搞好环境卫生（垃圾收集与处理、环境保护等），制定城市发展规划，发展公用事业，发展城市文化（图书馆、博物馆、美术馆等），提供公共服务。

英国城市很早就设有议会，城市议会集立法权和行政权于一身，实行议行合一体制，行政权由议会内部设置的若干行政委员会行使。市议会由选民直接选举产生的议员组成。市议员每届任期四年，届满全部改选，有些城市每年改选 1/3。1972 年，英国废止了城市参议员制度，市议会不再设参议员。议会领导人为议长，由全体议员选举产生，议长通常就是市长。市长任期一年，连选可连任。市长除主持市议会事务外，多数活动是礼仪性的，并不比其他议员拥有更多的权力。

英国市议员均为兼职，并且不领取薪金。城市行政职权由议会授权各委员会行使，委员会根据议会的授权自行处理主管事务。市议会委员会根据议会决定案制定执行方案。市政事务首先须由议会讨论决定，然后才交给委员会执行，各委员会受议会监督和控制。议会委员会任命一些职员执行行政事务，如市议会秘书、司库、教育官、卫生视察员、测量员等，职员对议会委员会负责并受其监督。

市议会委员会主要有两类：一是法定委员会，即根据法律规定为处理特定事务而设立的委员会，其地位受法律保护。法定委员会的职责范围非常明确，法定委员会主要有警察、财政、卫生、消防、教育等方面的委员会。二是常设委员会，其职责是处理市政日常事务，如公用事业、环境卫生等行政事务。除财政委员会和警察委员会的全体委员均需为议员外，其他委员会可由议员和非议员共同组成。此外，市议会还设有临时委员会，临时委员会是应临时需要设立的，随着事务的结束而取消。

（三）法国的市政体制

在法国地方行政建制中，市镇是基层行政单位。根据法律规定，所有的居民共同体，不论人口多寡，均为市镇，享有市镇的法律地位。市镇拥有公法人资格，具有独立的行政地位，拥有独立的预算和财政体系，对辖区内的行政事务拥有决策权。法国《市镇法典》规定，每个市镇政府由市镇议会、市镇长及若干名市镇长助理组成。法国市镇政府的组织结构具有同质性和统一性。

法国市议会由市民普选产生。市镇议员一般为几人至十几人，除巴黎、马赛和里昂外，各城市议会的议员人数都在 70 人以下。市议员职位没有报酬，也不享有司法豁免权。大城市议会议员具有一定的职务津贴。法国市议会负责设立和组织市行政机构，决定市预算并监督执行，决定公共工程及其实施方式，领导城市建设规划，审议市长签订的合同等。市议会有权创建和组织公共事业。城市公共事业分为强制性公共事业（如基础教育）和自由处置公共事业。对于强制性公共事业，市议会没有选择的自由；对于自由处置公共事业，市议会可根据需要自行决定和做出安排。

市长既是市议会议长，又是城市的行政首脑，全面领导市政管理工作。市长由市议会在其成员中选举产生。市长的任期与市议会相同，在任期内，市议会不得罢免市长。市长对市议会不负有政治责任，如出现市议会的多数议员不支持市长的局面，市长并非必须辞职。中央政府对市长行使监督权，部长会议可颁布法令撤销市长的职务。内政部长根据省长的请求，可发布政令停止市长职务。市长对处分不服，可向行政法院起诉。

法国市长具有双重身份，既是城市的最高行政长官，又是中央政府在城市的代理人。作为国家公务人员，市长代表中央政府履行某些职权。这些职权主要包括：在中央和省的领导下，保证法律和法令的公布和执行；领导中央下放的公共事业；组织省议会选举。在履行以上职权时，市长受省长和中央政府的指挥和监督。作为城市行政长官，市长负责执行市议会的决议和城市自治事务。在行使这方面职权时，市长的决策和指挥权受议会控制。

法国市政管理越来越多地实行委托管理和企业化运作。通过签订合同，市政府将市政管理事务委托给公共机构、公共企业或私人企业管理。委托管理既精简了行政机构，提高了行政效率，同时也节省了行政开支。市政府对委托管理进行监督。如果被委托的企业经营不善，市政府可以随时收回经营权。通过此举，市民可以享受到更好的公共服务。

（四）日本的市政体制

日本地方政府均称地方公共团体，均实行地方自治。《地方自治法》规定，地方公共团体是具有法人资格的公法人。现行地方自治体制采用"都、道、府、县"和"市、町、村"两级制，截至 2021 年，都、道、府、县 47 个，其中包括 1 都（东京都）、1 道（北海道）、2 府（大阪府、京都府）和 43 个县。都、道、府、县为同一级行政区划单位，名称不同主要是沿袭历史习惯，在行政地位和行政职能上并无本质差别。市、町、村是设在都、道、府、县内的地方基层组织。都、道、府、县和市、町、村都享有自治地位。

日本城市分为两大类：一类是一般市，另一类是政令指定市。一般市和政令指定市的设置标准有所不同。设置一般市的标准主要有：人口在 5 万以上；从事城市性业务的人口占全部人口的 60% 以上。政令指定市是日本的一种行政区划，是指通过政令指定、人口超过 50 万人并且在经济和工业运作上具有高度重要性的城市。截至 2022 年 7 月 5 日，日本共有 20 个政令指定市，即大阪市、名古屋市、京都市、横滨市、神户市、北九州市、札幌市、川崎市、福冈市、广岛市、仙台市、千叶市、埼玉市、静冈市、堺市、新潟市、浜松市、冈山市、相模原市、熊本市。凡列为政令指定市者，在行政监督、组织和财政方面，享有与都、道、府、县同等的行政地位和权力。城市的规划建设、环境保护、居民生活福利等重大事务均可由市长决定，不必报都、道、府、县审批。在行政区划上，政令指定市可以分区并设立区级办事机构，以提高行政管理效率。

城市政府由议决机关和执行机关（即议会和地方公共团体的行政首脑）组成。市议会是市政府的最高权力机关，由选民直接选举产生。市议员人数依城市人口而变化，大体为 30～100 名。议员任期 4 年，不得兼任国会议员、其他地方议员、地方公共团体的常勤职员等职务。议会设有议长和副议长，从议员中选举产生。市议会还设有若干个委员会，实行定期会议制度。城市政府的执行机关为市长及其工作机构。市长由辖区选民直接选举产生，任期 4 年。在任期内，市长如得不到议会的信任，会被提前解除职务。市长代表执行机关负责全面领导和处理该市的行政管理事务。在市长之下，设有若干辅助办事和行政执行机构，辅佐市长工作。

二、西方市政体制的共性特征

西方国家的市政体制形式多样，市长和行政机关的职权也有差异。总结各国市政体制，也可发现一些共性特征。

（一）城市政府为基层行政单位

发达国家一般以市镇作为基层行政单位。美国在州之下的各类地方政府——县、市、镇和学区、特区，彼此之间互不隶属。日本的市、町、村与都、道、府、县之间，也没有领导和被领导关系。除少数大城市外，发达国家的城市普遍不再下辖区和县。一方面，这是由于城市面积普遍不大，没有必要分区；另一方面，随着城市规模的不断扩大，市区人口不断向郊区迁移，导致卫星城镇不断增加，这些卫星城镇达到一定规模后，就会申请设置自治市。此外，从历史的角度看，西方的县普遍先于市而存在。随着城市化的发展，新市镇在县的辖境内不断出现并要求自治，但县仍然主要代表农村居民的利益，它并不受制于市。

（二）城市政府普遍享有自治权力

发达国家虽然有划分地方行政层级，但主要不是为了层级节制，而是为了方便管理及更好地提供公共产品（服务）。无论是英美法系国家还是大陆法系国家，地方政府的职责权限都有明确的分工，即一级政府所管的事务，另一级政府一般不重复管理。这种纵向分权体制，界定了市政府拥有不同于其他地方政府的治理职能，市政府普遍享有自治权。在美国，自治宪章是城市自治的法律基础，美国有 40 多个州授予城市制定自治宪章的权力。对于纯粹的城市问题，由城市自治体负责管理，州政府不得制定州法。

（三）议会在城市管理中扮演重要角色

市议会行使立法权、议决权、重大人事任免权、监督行政权和财政预算权等。市议员由市民直接选举产生，对其所代表的选民负责。市议会对市长和市行政机关的活动进行监督和制约。在不同国家，市议会的政治地位具有一定差别。一般而言，英美法系国家的市议会的主导性作用更为突出。英国市议会不仅执掌立法和决策，而且领导行政部门具体执行。在意大利，市长在小城镇处于支配地位，议会在中等城市控制局面，行政机关则在大城市把持权力。

（四）实行公共产品多中心供给体制

20 世纪 80 年代以来，伴随着市场化、私有化和民营化的浪潮，西方国家在市政管理领域兴起了新公共管理运动。新公共管理把私人管理和市场机制引入公共管理领域，城市管理更多地依赖私人机构。受新公共管理运动的影响，市政府愈来愈多地利用私人企业和民间组织提供公共产品和服务。私人公司参与包括供水、排水、污水处理、废物收集和处理、供暖、交通、住房、文化、娱乐、体育设施等公共事业。

第三节　中国城市管理体制

本节梳理中国管理体制的发展历史。从清朝末年开始，效仿西方国家设置城市管理相关制度，新中国成立后，城市管理体制又有了进一步的演变，展现出中国城市管理体制的发展进程。

一、中国城市管理体制的创设

中国城市发展具有悠久的历史，但是市建制的出现却相对较晚。清朝末年，中国仿效西方国家的地方治理制度，在行政区划上设置了市建制。1905 年，清政府派载泽等五大臣出访北美、西欧和日本，考察西方国家的民主宪政和地方行政制度。1909 年 1 月，清政府制定并颁布《城镇乡地方自治章程》，在历史上第一次以法律形式对城镇区域和乡村区域进行了划分。凡府、厅、州、县治城厢为"城"，凡聚居 5 万人以上的地方为"镇"，城、镇与乡同为县领导下的基层行政建制。城和镇均视为市建制，市政体制以议事会掌立法，董事会掌行政。虽然清末关于市的规定比较粗略，但它标志着中国近代意义上的"市"及城市管理组织的产生。

1914 年，袁世凯下令取消各级地方自治，地方自治机构被解散。1921 年 7 月，北洋政府颁布《市自治制》，9 月颁布了《市自治制施行细则》规定市分为特别市和普通市两种。特别市与县同级，除京都受国务院内政总长监督外，其他特别市受省行政长官监督。普通市隶属于县，与乡同级，受县知事监督。1928年，中华民国政府制定并颁布了《特别市组织法》和《市组织法》，分别规定了特别市和普通市的组织形式。1930年5月，中华民国政府颁布了新的《市组织法》，将市分为行政院辖市和省辖市两类，两者均为自治单位。1943年，中华民国政府修改《市组织法》，简化了设市标准，"市以下设区，区之内缩为保甲"。至此，我国形成了省、县二级市建制体系，这标志着我国城市管理体制已基本形成。

二、新中国城市管理体制的演进

1954年9月，第一届全国人民代表大会通过《中华人民共和国宪法》（以下简称《宪法》）和《中华人民共和国地方各级人民代表大会和地方各级人民委员会组织法》（以下简称《地方组织法》），对地方各级政权做了明确规定。市人民代表大会是各市的国家权力机关，市人民委员会即市人民政府，既是市人民代表大会的执行机关，又是市国家行政机关。1954年12月，我国颁布了《中华人民共和国城市街道办事处组织条例》和《中华人民共和国城市居民委员会组织条例》。

20世纪50年代初，为了保证城市蔬菜和副食品供应，少数大城市开始实行市领导县体制。1959年9月，第二届全国人大常委会第九次会议决定，直辖市和较大的市可以领导县和自治县。从此，市领导县体制在全国大规模推行。1960年，河北省撤销全部专区，在全省范围内实行市领导县体制。当时全国市领导县的数量达243个，占全国县总数的1/8。

1961年中央决定调整市、镇建制，缩小城市郊区，市领导县体制停止推行。当年河北省恢复了全部专区，不再实行市领导县。1962年，中央调整了市、镇建制标准，撤销了不足10万人口的市建制。至1965年底，市的总数由1961年的208个减少到168个，4年间共减少40个，地级市由80个减为76个，县级市由125个减为90个。到1966年底，全国只有25个市继续实行市领导县体制，总共领导72个县。

"文化大革命"爆发后，各级国家机关受到冲击，市政体制也遭到破坏。十年"文化大革命"期间，市政府和市辖区政府被"革命委员会"取代。"革命委员会"由无产阶级革命派代表、领导干部代表和军队代表"三结合"组成，原来的许多市级机关和市辖区机关被撤销，各项日常工作处于停顿和半停顿状态。

党的十一届三中全会以后，中国进入了改革开放的历史新时期，城市管理体制得到健全和发展，市政组织结构进一步完善。1979年9月，全国人大常委会决定，将地方各级革命委员会改为地方各级人民政府。同年，市委和市政府机构开始分署办公。1982年12月，全国人民代表大会第五次会议通过了新的《宪法》和新的《地方组织法》，规定市和区设人民代表大会和人民政府。市和区人民代表大会是地方国家权力机关，市和区人民政府是地方国家行政机关。市和区人民政府实行首长负责制。市辖区、不设区的市的政府，经上一级政府批准，可以设立街道办事处，作为它的派出机关。

1982 年，中共中央、国务院决定在经济发达地区改革地区行政公署体制，实行地市合并、市领导县体制。年末，江苏、辽宁两省率先试点，后各省陆续推开，迅速发展。1983 年，全国已有 126 个市领导 524 个县，辽宁、江苏两省全部取消地区，实行了市领导县体制。进入 20 世纪 90 年代，全国除海南和港、澳、台地区外，其他各省（区、市）都在实施市领导县体制。

1986 年 12 月，全国人大常委会修改《地方组织法》，对地方各级人大和人民政府的组织、职权等做出更明确的规定。该法赋予省、自治区人民政府所在地的市和国务院批准的较大的市的人大及其常委会拥有制定地方性法规的权力，它们可以根据本市的具体情况和实际需要，在不与宪法、法律、行政法规和本省、自治区的地方性法规相冲突的前提下，制定地方性法规，报省、自治区的人大常委会批准后施行，并报全国人大常委会和国务院备案。直辖市及省、自治区的人民政府所在地的市和国务院批准的较大的市的人民政府，可以根据法律和国务院的行政法规制定规章。

改革开放以来，伴随着城市化快速发展的步伐，中国的城市数量也不断增加。1980 年末，全国设市数量达到 668 个，这是迄今为止中国城市数量的最高纪录。此后，由于有些大城市实施"撤市改区"改革，即撤销"县级市"改设"市辖区"，县级市的数量有所减少。2010 年底，全国（大陆区域）共有 657 座城市，包括 4 个直辖市、283 个地级市、370 个县级市。

我国基层治理转型速度不断加快。在国家制度建设层面，党的十八届三中全会首次提出创新社会治理体制，党的十九届三中全会提出构建简约高效的基层管理体制，党的十九届四中全会强调打造共建共治共享的社会治理格局，基层治理顶层设计和实现目标日益清晰。在地方治理层面，许多城市纷纷推进基层治理体制改革，推动治理重心下移、理顺条块关系等成为基层治理创新的重要内容，产生了铜陵"区直管社区"、北京的"吹哨报到"、成都"还权赋能归位"、南京撤销街道办等契合基层实际的改革模式，通过对地方治理体制改革创新进行理论阐释和机制分析，有力地推动了基层治理转型领域研究的理论创新。

2014 年，为彻底解决经济发达镇的体制桎梏，国家发改委等 11 个部委联合开展国家新型城镇化综合试点，龙港率先抓住机会，成为全国第一批两个试点镇中的一员，希望探索可复制和可推广的新型设市模式，为全国经济发达镇行政管理体制改革探路，龙港遵循"大部制、扁平化、低成本、高效率"改革思路，在机构重组、权力配置、城市治理、基层治理、就地市民化等 5 个领域积极探索，取得了积极成效，初步具有县级经济社会管理能力，为破解制约全国经济发达镇发展的共性问题提供了新路径。龙港的新型设市试点改革举措和成效得到了中央的肯定和确认，于 2019 年 8 月获批撤镇改市①。

① 陈忠谊. "市管社区"扁平化基层治理创新：基于浙江龙港的个案分析 [J]. 地方治理研究 2021（1）：27-34.

第四节　城市管理体制改革

新中国成立后，城市管理体制出现许多问题与挑战，尤其是改革开放后，市场经济活力迸发，市场机制的作用越来越凸显，但同时也衍生出一系列的问题。本节基于此时期中国的发展管理体制的特点，总结我国城市管理体制道路上的共性问题，由此阐明体制改革的未来方向。

一、中国城市管理体制的主要问题

新中国成立以后，我国建立了单中心的城市管理体制，城市公共领域与私人领域之间的界限模糊，城市政府（包括党组织）成为城市事务的唯一管理主体，它们不仅负责公共产品和服务的供给，而且亲自组织和生产私人产品与服务。改革开放以来，我国实行市场化改革，在城市发展和资源配置中，市场机制发挥着越来越重要的作用，但总体来讲，现行城市管理体制仍具有很强的单中心色彩。随着经济和社会体制改革的不断深化，一些体制性问题已经成为城市发展的障碍和掣肘因素。概括而言，现行城市管理体制存在的主要问题如下。

（一）权力扩张，机构膨胀

一般来讲，城市是社会生产力最发达的地区，其市场发育程度较高，社会自组织和管理能力较强。在计划经济体制下，公共领域和私人领域的界限模糊，市场经济和社会自治受到压制，市政府对经济社会活动实行全面管理和控制。市政府直接介入大量的微观经济社会活动，不但决定企业经营的人财物和产供销，而且对居民的生老病死负责，管了很多不该管、管不好、管不了的事。改革开放以来，随着经济改革的深化发展，政企分开取得了显著进展，但政社不分、政事不分问题依然严重。政府直接组织并领导大量的事业单位、人民团体、社会组织，政府直接投资的事业单位在非营利部门中所占比重较大。

（二）政府间权责配置不对称

我国现行法律没有对城市政府的职责做出专门规定，城市管理的职责权限与普通地方政府没有显著区别。市政府与区政府、街道办事处的权责分配不合理，基层政府和街道办事处承担了大量的社会管理和公共服务职能，但可支配的财政资源有限，街道办事处责任大、权力小，任务多、资源少，难以全面履行自身肩负的社会管理和公共服务职能。一些本该由区政府职能部门管理的事务，职能部门转手交给了街道办事处，但相应的资源配置和财政支出却被截留，街道办事处普遍面临有责无权的问题。

（三）政府机构设置较多

20世纪90年代以来，我国城市行政体制改革取得了一些成效，但政府机构设置较多、行政职能交叉现象依然严重。2024 年，直辖市设党政机构 40 个左右，地级市设党政机构 55 个左右，县级市设党政机构 35 个左右（例如，2024 年，上海市人民政府共设置党政机构 36 个、广州市人民政府共设市级党政机构 53 个、义乌市人民政府共设市级党政机构 38 个）。市政机构设置仍然过于庞大，机构编制管理缺少战略规划，行政权力机械化、碎片化现象较为严重。机构设置过多，部门分工过细，导致职能交叉、多头审批、推诿扯皮等现象，效率低下。如社会管理功能涉及公安局、民政局、信访局、城市管理局、教育局、卫生局等十几个部门，却又缺少牵头机构，导致各自为政，出现问题时互相推诿等问题。为协调部门之间的矛盾和扯皮问题，经常要由市长召集专门会议，耗费了大量时间、精力和财政资源。

（四）公共服务能力有待加强

我国城市管理侧重于经济和社会规制职能，直接提供公共服务的能力有待增强。在基础教育、公共卫生、公共交通、公共安全、园林休闲、环境保护等领域，相关公共服务供给与居民需求之间的缺口较大。各市政部门在机构和资源配置上，对内服务和自我服务的机构设置太多。例如，行政机构内部普遍设有人事、宣传、教育、老干部、工会、团委、机关事务等工作机构，这些机构往往超过行政机关内设机构的 1/8。

二、城市管理体制改革的基本方向

城市管理体制改革要按照服务型政府和大部门体制的要求，重新配置行政职能和组织机构。概括地说，城市管理体制改革涉及以下方面。

（一）合理界定市政职能

发达国家的市政职能以社会管理和公共服务为主，政府的基本职责在于矫正市场失灵，提供公共产品和服务，为私人部门的有效运行创造良好的公共环境和基础设施条件。相对而言，我国城市政府肩负着经营城市和发展经济的重要使命。城市管理注重发展导向和社会控制，而在公共服务供给上重视程度不够。我们可以借鉴发达国家的经验，切实推进政企分开、政事分开、政社分开，把政府包揽的经济发展交由企业"划桨"，政府主要负责经济调节、市场监管、社会管理和公共服务职能。同时，要培育非营利组织，鼓励社会中介组织和其他社会组织参与社会服务供给。

（二）科学设置市政机构

科学设置市政机构是城市管理高效运转的基本保证。发达国家的市政机构一般保持在十来个。例如，日本东京都在知事之下设 10 个机构，德国科隆市政府设置了 9 个工作部门，法国巴黎市政府设有 13 个机构。相比较而言，我国城市管理机构要庞大得多。党的十七大报告提出推进大部门体制改革，这为城市管理体制改革规划了基本发展方向。根据大部门体制的要求，有必要对市政机构设置进行战略规划，对同类职能机构进行裁减撤并，减少政府职能部门数量；同时，强化公共安全、环境保护，食品药品监管、质量技术监督、教育、文化、卫生、体育、交通、园林等社会管理和公共服务职能。党的二十大对深化党和国家机构改革做出重要部署，在深化金融体制改革，完善党中央对科技工作统一领导的体制，优化政府职责体系和组织结构，完善党中央决策议事协调机构，优化机构编制资源配置，推进以党建引领基层治理，加强混合所有制企业、非公有制企业党建工作，理顺行业协会、学会、商会党建工作管理体制等方面提出了明确的要求。

（三）合理设置行政层级

我国城市管理纵向层级设置需要明确两方面的问题：一是市与区职权如何划分，二是街道办事处如何定位。市辖区是直辖市和设区的市的基层政权。随着城市化和经济社会的发展，政府的社会管理和公共服务任务日益繁重，行政放权和强化基层已是城市发展的必然选择，在财政和机构编制上，市政府应给予区政府更大的支配权力。同时，区政府要强化社区管理和公共服务供给。作为基层政府的派出机关，当前，街道办事处是社区公共事务管理的主要承担者，负责统筹社区公共产品和服务供给。区政府各职能部门也要贴近基层、贴近社区，切实履行自身的法定职责。随着大部门体制改革的推进，各职能部门直接下沉到社区，面向居民提供公共服务，为街道办事处改革创造有利条件。

（四）推进城市管理法治化

依法治市是城市管理现代化的重要标志之一，推进城市管理法治化，就要把市政机关的职能、机构、编制、工作程序等纳入法治轨道。发达国家普遍实行城市自治。由于国情和政治体制不同，迄今，我国尚没有专门适用于城市管理的自治法律。为了推进依法治市和依法行政，需要加强城市管理法规建设，做到有法可依、有章可循、依法管理。为此，一方面，在国家立法层面上，有必要赋予市政府以地方性立法权；另一方面，市政府要建立健全地方性规章，完善行政程序，推进城市管理制度化、规范化。

（五）数字化城市管理的探索创新

现代城市面临的许多困难不能只依赖于领导者决策或者仅依赖于专家学者的意见，必须从整体的角度科学规划，获得创新方案和发展模式的突破。数字化赋能城市管理，是通过计算机、网络、大数据、云计算等技术，最终以城市的可持续发展为目的，对城市进行系统的规划设计。数字城管是城市发展的长期战略，是城市现代化的重要内涵。数字城管是信息革命与城市发展的共同产物，它将提升城市管理的工作效率和技术水平，处理各种突发性状况，同时也为城市居民提供了高效、优质、公平的个性化服务。更进一步来说，数字城管通过重塑城市政府的管理权能，驱动城市管理模式的再造，促进了城市经济转型和社会结构的演变。

第五节 城市管理体制的案例

📖 案例一：公众参与城市治理演变过程

公众参与城市治理的理论是城市管理理论的升华，在实践中运用比较广泛。公众参与城市治理的理论源于欧洲，早在11—12世纪，欧洲国家就出现了许多有市民参与管理新兴城市或城镇的实例，当时，官员的选举和新法律的采用都需经过民众大会的同意。城市法规明确赋予了公众参与城市治理的权利，其中包括：《城市规划法》要求公民之间相互帮助和相互保卫，以应对外来者和敌人的威胁；规定了在同意新法律时必须举行的"公众会议"，确保公民参与；以及规定官员选举必须获得普遍同意的程序。这些规定共同构成了城市治理中公众参与的法定框架。

到了近代，公众参与城市治理主要体现在城市规划建设的过程中。早在1947年，英国就确立了公众对城市规划有发表意见的权利，还可以对不满意的地方向主管部门提出上诉。自20世纪60年代中期开始，公众参与在西方社会中成为城市规划的重要组成部分。英国因在1969年《城乡规划法案》的修订中，制定了与传统的公众参与有所不同的方法、途径和形式，适应了新时期的特点，该法案因此被认为是公众参与城市规划发展的里程碑，也被称为斯凯夫顿报告。

20世纪60年代，欧洲进入后工业社会，公平、多元等社会价值观成为社会的主流，在此背景下公众参与城市治理的理论开始向多元、分散、网络化及多样化的方向发展，公众参与突破以往政府包揽一切事务的局面，向民主行政迈进，使原来自上而下的政府决策转变为政府和市民上下互动、管制和服务相结合的市民社会。20世纪70—80年代，英国以撒切尔夫人为代表的西方政府推行以削减政府预算为目标的行政改革，将私域管理的经验和方法引入公众参与城市治理的理论中，十分注重竞争机制的运用，掀起了新公共管理运动，将公众参与城市治理的理论推向了新的起点。

20世纪90年代，托雷·萨格尔和朱迪斯·英尼斯提出了另一个重要的理论——"联络性规划"，它侧重研究规划师如何使公众积极参与城市规划的问题。90年代以后，欧洲国家兴起的"顾客导向"的行政思想，对公众参与的实践影响也很大，新公共管理运动中大力重塑政府形象，将民主的理念渗透到公共管理行政的各个方面，公众直接参与与自身利益密切相关的公共事务管理，已成为公众参与城市治理理论的主要内容。"顾客导向"的城市治理将权利与资源直接交还到"顾客"（公众）手中，对公众的要求和愿望提供回应性服务，最终目标是实现政府与公众之间的良性互动，使政府更好地满足公众的需求和偏好，提高公众参与城市治理的透明度，有效防止代理人的机会主义。

📙 案例二：城市社区网格化管理的实践探索与共识凝练

城市社区管理是一个世界性的话题，不同国家都在进行各自社区管理的实践和探索。在欧美发达国家已经普遍地将计算机技术、遥感技术、全球定位系统技术、地理信息系统技术、网络技术等作为现代城市治理的重要手段，如英国政府推出的"游牧项目"、欧盟实施的数据网格项目、法国启动的国家网格计划、美国实施的"全球信息网格"计划等。在我国，网格化管理的实践运行先于理论研究，最先始于北京和上海，当时运用于军事、社会治安巡逻等领域，随后在社区管理、党建、法务、消防安全、食品安全、市场监管、市容环卫、劳动保障等领域内不断得到拓展，成为当前社会治理领域中十分重要的管理模式，俨然呈现出"无网格，不治理"的发展趋势。

21世纪以来，城市社区治理体系面临着冲击与挑战，其中最核心的是社区治理模式的结构性变迁。与此相应，各地纷纷依据社会治理的任务进行变革性尝试，并协同本地资源的开发整合进行探索性实践。综合看来，北京东城、山西长治、山东诸城三地的探索都摆脱了传统的管理方式和管理手段，通过信息技术的应用，在管理中体现了精细化、协同化和扁平化管理的理念，引领城市管理理念和管理模式的创新，在网络化管理模式建构中存在着诸多规律性的共识。

（一）科技：网格化管理的构建基础

众所周知，城市管理是衡量一个城市发展水平的重要标志之一。网格化管理正是迎合并适应了城市现代化发展的趋势，对现代城市社区有其现实的意义和实践操作的可能。由于信息技术的引入，城市按照一定的标准划分为无数个单元网格作为管理的基础单元，同时运用地理信息系统、无线通信等信息技术和设备，构建一个天上有云（云计算中心）、地上有格（社会治理网格）、中间有网（互联网）的新型社会服务管理信息化支撑体系，这为城市管理空间的精细化、管理对象的数字化及城市管理信息的采集与传输奠定了基础，也为整个城市管理流程的再造提供了技术支撑。比如北京东城"万米单元网格"就是利用网格地图技术，将辖区的管理空间按照一定的原则划分成若干网格，每个网格面积约为1万平方米。该模式主要由城市管理部件法、信息采集"城管通"、城市管理流程再造、管理体制"双轴化"等构成，最终形成多种技术集成的网格化城市管理信息平台；山西长治通过"三位一体"网格化社会管理服务系统，引入"物联网""云计算""大数据"等当今最前沿的信息科技理念，综合运用"掌上网格"无线传输、系统数据存储、系统网络安全等成熟、先进的科技成果，搭建了"党的建设、社会管理、公共服务"三位一体的网格化社会管理服务新模式；山东诸城打造"社会管理服务综合信息系统"，推进以网格化为基础的社会管理服务信息数字化，发挥数据管理、事项办理、监督考核、分析研判等功能。可见信息科学技术的推进与成熟使用，成为网格化管理这一新模式诞生的基础，亦成为当代城市发展和社会管理创新发展的必然趋势和结果。

（二）服务：网格化管理的首要目标

社会管理归根到底是对人的管理和服务。网格化管理模式为城市社会服务提供了一套行之有效的治理思路和框架，实现了以城市管理部件静态"物"为主体到网格内精细服务以"人"为主体的动态变化，从而将社会服务与网格化管理有机结合起来。从具体表现来看，北京东城通过购买服务、统一规划的方式，将网格管理员、网格助理员、网格警员、网格督导员、网格党支部书记、网格司法工作者、网格消防员这7种力量下沉至每个网格，为居民提供十大类基本公共服务的一站式服务，居民步行15分钟就可以解决买菜、就医、文体活动、修车、修鞋等最基本生活服务需求，即"1510便利生活服务圈"。山西长治在网格化社会管理信息系统平台的基础上，组建了一批包含"主管队伍、专职队伍、协管队伍和志愿者队伍"等四支力量的服务管理队伍，开展"党的建设、民主自治、关注民生、平安稳定、城市管理、文化建设"等"六星示范"创建活动，同时启动区级领导、政协及民族宗教人士、律师和法律工作者3个层面的一岗双责社会履职活动，创立了"三位一体、六星示范、三个层面"的"363"服务模式。山东诸城积极开展城乡一体化服务，将城乡社区划分为若干大网格和多个小网格，市、镇（部门）、社区三级联户人员活跃在每个网格中，及时了解民众诉求，对一时解决不了的问题，写进"民情台账"，逐级汇报，协调解决。由此，网格化管理以网格为基本的服务单元，通过对地域网格进行不同的力量配备为普通社区居民、社区特殊人群和流动人口等提供全方位、多层次的社区服务，确保每户居民都在管理服务网格之中。

（三）民主：网格化管理的方式优化

推动基层民主发展是国家现代化和社会转型发展的必然要求。网格化管理通过各种社区力量的广泛动员为广大社区居民提供了更多更好的参与、管理社区和社区事务的平台，促进和推动了社区治理理念的转变，为基层民主发展创新起到了良好的示范效益。在这方面，北京东城通过设立社区居民会议常务会、社区居委会兼职委员和社区居民代表会议，加强居民自治体系建设，并充分吸收社区社会组织、驻社区单位、社区居民等主体积极参与社区管理工作，以优化社区治理结构，形成了"一委三会一站，多元参与共建"的治理模式。山西长治积极开展联动式共建，实行"党建联网工程"，一方面旨在促进网格内和网格之间党组织资源优势互补，协商讨论社区发展面临的问题，并以此为契机通过制度建设推进社区党建的民主化、标准化建设；同时，普通社区居民也可以通过网格化管理服务平台对党组织、流动党员、"两新组织"（即新经济组织和新社会组织）等进行公开评议。山东诸城通过"社区化"平台，建立起了以社区党组织为核心、自治组织为主体、群团组织为纽带、各类经济社会服务组织为补充的社区化管理服务平台，探索居民自治的有效实现形式，通过推行"四务"公开和"五制管理"，积极引导社区居民依法民主管理社区公共事务。应该说，以网格化管理为基础的社区建设正逐步摆脱传统一元化社会管理体制面对新型社区发展所表现出的不适应性，使其开始吸纳更多的城市管理主体，注重民意的表达与回应，以民主的方式动员社会力量一起参与社会服务管理。

需要指出的是，在当前的网格化管理模式下，社区作为居民公共服务的直接提供者，还是难以摆脱自上而下的行政干预。因为，在以往传统的"区—街道—社区"三级管理结构下，网格化管理模式新增了"网格"这一层级，虽然使得基层社会管理的体制构造更加精细化，但由此也存在削弱社区自治而增加行政性的倾向，使得社会管理内卷化的风险加大。网格化管理在发展过程中，政府一直发挥着决定性的主导作用，承担着网格化管理运行的发起、组织、规划、扶持等多重任务，并投入大量的人力、物力和财力成立专门的机构和组织来负责网格化管理的具体运行，这在网格化管理运行的初级阶段无疑起到了巨大的推动作用。但随着现代风险社会的深入发展，其弊端也日益显现出来，如管理机制的行政化、社区自治浅层化、社区参与的初级化等。当然，仅有近十年发展历程的社区网格化管理还处于不断完善之中，所产生的消极影响并不能成为排斥网格化这一管理模式的理由，而是需要对网格化管理的实践运行进行长期深入的跟踪调查、试点研究和绩效评估（陈荣卓、肖丹丹，2015）。

复习思考题

1. 西方国家城市自治制度有哪些基本特点？
2. 什么是市长议会制？什么是议会经理制？
3. 西方国家市政体制有哪些共性特征？
4. 简述中国市政体制存在的问题和解决对策。

第四章

城市管理政策

城市政策是城市管理的重要途径和工具。从政府与社会的关系来看，城市管理需要借助政策手段来实现对经济和社会的调控。城市公共政策的制定过程包括界定政策问题、建立政策议程、形成备选方案、选择政策方案、政策实施、评估和调整等。学习城市政策制定，了解政策制定过程，促进城市决策科学化、民主化，把权力和知识很好地结合起来，是现代城市管理者必须具备的素质。

第一节　城市政策

城市政策是指向整个城市发展的各项政策的总称，本节通过对城市政策相关概念的梳理，清晰地展现了城市政策的演变过程，系统地阐述了城市治理过程中的主要内容。

一、城市政策概念

城市政策是指导城市发展的各项政策的总称，是城市管理的基本依据。城市政策属于区域性发展政策，它主要与农村政策相对应。在地方分权体制下，地方政府拥有自治权，城市政策具有多样性，不同城市的公共政策体系存在较大差异性。在中央集权体制下，地方政府拥有一定自主权，但以不违反上位法为限度，各个城市的公共政策体系基本上大同小异。

城市政策可区分为全国性的、区域性的和地方性的城市政策。在国家层面上，一个规范的国家性城市政策由中央政府制定，涉及城市生产、就业、教育、住房、社会保障等各个方面，它提供了城市管理的基础性制度安排；在区域层面上，城市政策由上级政府制定，涉及地区资源合理利用和区域内各城市的发展定位；在地方层面上，城市政策由本市公共权力机关制定，涉及城市基础设施和公共服务供给、公共事务管理和规制问题。

城市政策创新对国家政策制定具有先导性影响。以美国纽约市政研究所及其推动的预算改革为例。在20世纪初，美国城市治理腐败问题严重。为改进城市治理，一批人提出以市政预算改革为切入口。预算是一种制度，它以复杂的技术和准确数据回应公众：政府打算做什么、正在做什么及做过什么。1906年，威廉·艾伦、亨利·布鲁艾尔、弗雷德里克·克利夫兰创建纽约市政研究所，引领了美国最早的市政预算改革运动。由于成效显著，市政预算改革运动很快从纽约市走向纽约州，最终走向全国。1921年，美国国会通过《预算与会计法》，这场以行政预算为目标的市政改革运动最终演变为全国性公共政策。

二、城市政策制定过程

城市公共政策行为包括一个完整的过程，其中政策制定是其中不可缺少的重要环节。如果进一步细分，完整的城市政策过程可以分解为以下步骤。

（一）城市政策问题的确认

在城市运行的过程中，难免会出现这样那样的社会问题，它们对社会成员的正当权益造成侵害。往往是旧的社会问题刚刚解决，新的社会问题又接踵而至。新出台的《城市规划编制办法》规定，在编制城市总体规划前，城市人民政府针对存在问题和出现的新情况，对城市的定位、发展目标、城市功能和空间布局等战略问题应进行前瞻性研究；在城市总体规划的编制过程中，对某些重大现实问题，应当在城市人民政府组织下，由相关领域的专家领衔进行专题研究。其目的就是找准问题，对症下药。

（二）城市政策议程的建立

政策议程是将由各种不同意见纠集而成的众多问题转化为政策问题的过程。目前在城市规划运作过程中，对问题的确认和议程的形成多是政府说了算，这就导致了以下两方面的问题：一是弱势群体的问题往往被忽略，二是政府希望解决的问题与公众要求解决的问题是否能够达成一致。政府希望解决的问题与公众要求解决的问题，往往既有相同之处，又有差异。认识上的差异性会导致一定的冲突，应通过协调逐步取得认识上的一致性。因此，这一环节是公共政策过程的第一步，也是最为重要的一步。当前，我国城市规划的公众参与主要体现在规划编制中和报送审批前，在规划编制前的公众参与则较少。因此，应制定相应的制度来保证城市规划问题的构建与议程建立的公众参与。

（三）城市政策目标的确定

经由政策议程，相关政策主体在对城市政策问题进行诊断的基础上，就解决特定问题的政策目标达成一致。

（四）备选方案的提出

在确定政策目标后，便可进行政策方案设计。

（五）城市政策方案的事前评估

即对所有备选方案的利弊得失进行全面评价，对技术、经济、政治和行政可行性进行论证分析。方案政策评估也被称为事前评估，它主要是对备选方案的后果进行预测。事前评估是在公共政策实施之前进行的一种带有预测性质的评价。事前评估的内容大致包括以下几个方面：①对公共政策实施对象发展趋势的预测；②通过分析主客观条件、有利和不利因素来对规划方案可行性进行评价；③对规划方案效果进行预测和评价。过程中需要避免将城市规划的方案等同于城市规划运行的评价。

（六）城市政策方案的选择

即根据政策方案评估结果，应从多个备选方案中择优确定正式的政策内容。在对政策方案做出选择以后，还需履行政策合法化的程序，使抉择的政策方案成为真正具有权威性的公共政策。所谓政策合法化，就是使政策具有正当性和权威性，从而能够赢得社会公众的自愿认同、服从和支持，减少政策执行成本。

（七）城市政策方案的执行

政策执行是把政策方案的内容转化为客观现实的过程。在此过程中，政策执行者需动用各种政策资源，建立必要的组织结构，利用多种技术手段，使政策从观念形态转化为现实形态。

（八）城市政策执行效果的评估

政策执行效果评估也称事后评估，它对政策执行的结果进行客观评价。需要注意的是，在城市政策运行的过程中，需要避免将对规划效果的评价混同于对规划预定目标的评价。如对城市总体规划执行情况的评价仅仅关注原规划人口规模、用地规模是否突破等，并以此作为规划调整的依据，而忽视了对规划全部结果，包括直接的、间接的、非预期的、潜在的等方面的考察。

（九）城市政策内容的调整

通过政策执行评估，如果发现某项政策不宜继续执行，就需要做出必要的政策调整。在渐进决策理论看来，世界上没有一劳永逸的公共政策，各种公共政策都是在执行中不断调适而逐渐完善的。

（十）城市政策内容的终结

通过政策执行评估，如果发现某项政策已经达到了预期效果，或发现某项政策的执行是完全失败的，就需要用新政策取代旧政策。政策创新意味着旧政策的终结，政策过程进入新的政策周期。

上述政策过程的十个环节，并非单向的垂直递进系统，而是一个多向的综合反馈系统。在政策系统运转的每个阶段，当某一个步骤出现问题时，政策过程都可能退回到前项步骤，甚至直接返回起点。在政策系统运行顺利的情况下，政策过程也可能跳越其中的某个阶段。

第二节　城市政策制定主体

政策制定是整个公共政策构建的首要阶段，关系着整个政策的发展方向。政策制定者比较多元，从官员到公众，每个人都在其中扮演着不同的角色，政策制定主体的重要性不可忽视，本节分别介绍中西方参与公共政策制定的主体，体现不同制定主体在重要决策问题上的重要影响力。

一、政策制定主体的定义

政策制定主体，也称公共政策主体，是指直接或间接参与公共政策制定的个人、团体或组织。它可以分为官方政策制定主体和非官方政策制定主体。官方政策制定主体是指那些具有制定公共政策合法权利的个人、团体和组织；非官方政策制定主体，是指那些参与了公共政策制定过程而自身却不拥有制定公共政策合法权利的个人、团体和组织。

二、中西方政策制定主体

由于政治制度的不同，中西方的公共政策制定主体及主体间关系具有较大不同。

（一）西方国家城市政策制定主体

西方国家的政治体制普遍遵循分权制衡原则，立法、行政和司法权力分别设置，且互相监督和制约。西方国家的官方决策者，主要包括议会、行政机关和法院。议会的主要职责是立法，行政机关的主要职责是执行议会制定的法律，但行政机关本身也具有广泛的政策制定权力。法院通过司法审查权和法令解释权，不仅规定政府不能做什么，而且规定政府应该采取何种行动，以符合法律和宪法的规定。

西方国家的非官方决策者主要包括利益集团、政党、大众传媒、智库和公众。由于现代社会的专业化分工和多元化趋势，导致利益集团的兴起。利益集团不仅积极表达自己的政策诉求，而且通过游说活动对政策制定过程施加影响。在西方国家，政党属于非官方决策者，常常履行利益聚合的功能，它将不同利益集团的特定需求整合为具有可操作性的政策方案。在现代社会，大众传媒是利益表达的有效工具，对政策制定过程具有重要影响，有"第四权力"之称。智库是由专业人员组成的跨学科的综合性政策研究机构，它们为公共决策提供政策咨询。此外，公民可通过投票、请愿、游行、示威、罢工等公众参与途径，对政府决策施加影响。

（二）中国城市政策制定主体

当代中国的官方政策制定主体主要有执政党、人民代表大会、行政机关和司法机关。其中，中国共产党是各种公共权力的领导核心，在政策制定过程中发挥主导作用。根据执政党提出的政策倡议，国家有关机构制定具体的政策方案，并依照法定程序予以通过。人民代表大会、行政机关和司法机关依法分别履行各自的权责。中国的非官方政策制定主体主要包括政治协商会议，各种人民团体、群众组织、行业组织、中介组织、智库、公众等。随着市场化改革步伐的加快，各种利益集团也日益活跃，对政策制定过程具有很强的影响力。

第三节　城市管理政策

城市治理从传统威权管理向现代城市善治转型的现实，对城市治理政策执行者提出了更高的治理智慧的要求。在城市基层治理水平不断提升的环境下，政策执行表现出不同于以往的执行逻辑。城市基层治理涵盖的内容不仅包括常态化的社区治理，也包括动态化的流动摊贩治理（李文军、张欣，2020）。"软硬兼施"成为城市基层治理政策执行的行动逻辑，这一逻辑在拆迁、老旧小区改造等政策执行实践中广泛存在。规则、常理、人情是现代基层管理者在"以人为本"治理理念下面临的困局。

政策执行者在执行过程中有对正式权力资源的运用，也有对权力的非正式行使。前者运用正式权力来规范政策执行对象行为时，具有"快、狠、准"的特征，在短时间内对执行对象形成震慑和立竿见影的效果；非正式权力行使过程是运用"道理"来说服执行对象服从规则。当强制性权力实施达不到政策目标时，会采用更为柔性的治理和执行方式；当有些政策的实施不需要动用强制性权力时，也会采取"软"的方式。"软硬兼施"的政策执行逻辑分为以下几个方面。

第一，"硬"执行。城市管理行政执法政策在很长的一段时间内是明确清晰以"禁止"为主，城管"严管重罚"，严格依规执行政策，按照上级指令完成政策目标和考核目标。纵观公共管理领域的政策，对于较为明晰、低模糊性的政策，基层政策执行者往往会制度性地依据政策指令实施政策。"硬"对应的是制度化解决方式，在政策不容许的范围内绝不姑息违规行为，保证政策效果。

第二，"软"执行。现代化城市基层治理更加注重"利人原则"，基层官员的责任感、使命感和为民情怀随着整体队伍的建设不断增强，对于较为明晰、不易造成冲突的政策，执行者往往不需要动用强制手段（通常会提高政策执行成本）而是采用更为柔和的手段对执行对象进行政策的宣传，做出一定的政策解释，可以使得政策的接受度更高，有利于政策的顺利推行。"软"对应的是非强制性的解决方式、人性化的手段，更多地采用政策解释和政策宣传等方式。

第三，"软硬兼施"执行。对于高模糊、高冲突的政策，由于政策自身的模糊性，在文件层层下达的过程中，基层官员在没有明确指引的情况下会灵活性地实施政策变通手段，在复杂的政策情境中选择能兼顾多方利益的方式。"软硬兼施"的执行方式在一定程度上降低了政策的冲突性，使得执行效果向好发展（刘月怡、谢明，2021）。

第四节　城市管理政策案例

案例一：生活垃圾分类政策执行经验及其启示——以广州为例

城市生活垃圾分类治理是城市环境治理的重要环节，但当前城市生活垃圾分类政策执行面临源头分类参与率低、中期混装混运情况严重、终端垃圾分类处理设施不足等困境，造成生活垃圾分类政策执行效率低。2000年，广州作为我国最早探索实行生活垃圾分类试点的城市之一，在试点期间，不仅多次率先出台相关的规定、条例等，还不断尝试专袋投放、定时定点投放等具体操作，同时也创新地开拓出"政府、社会公众、市场力量"融合的第三方企业化服务模式，使居民环保意识和生活垃圾分类参与率显著提升。

（一）制定完备的生活垃圾分类法律法规体系

广州为切实推进生活垃圾分类工作，出台了一系列政策法规。2011年，在全国率先颁布《广州市城市生活垃圾分类管理暂行规定》，生活垃圾分类工作取得突破性进展。此后，广州不断完善生活垃圾分类治理政策体系，在生活垃圾源头减量方面，出台《广州市限制商品过度包装管理暂行办法》和《广州市鼓励减少使用一次性用品的意见》。在生活垃圾收运体系优化方面，出台《广州市生活垃圾分类运输作业规范》，明确分类收运行为准则和设施标准。在末端分类处置方面，出台《广州市生活垃圾处理设施运营监管暂行办法》，确保生活垃圾分类的基础设施建设运营安全、高效、环保。在收费定价支付方面，出台《广州市城市生活垃圾计量收费管理办法》，规定不同种类的生活垃圾计费标准与计算方案。在生态补偿落实方面，出台《广州市生活垃圾终端处理设施区域生态补偿暂行办法》。2018年，《广州市生活垃圾分类管理条例》正式实施，广州生活垃圾分类进入立法强制阶段，生活垃圾分类治理的法规政策体系更加健全。

（二）探索可供复制的生活垃圾分类收集模式

2013 年以来，广州积极推进生活垃圾分类收集的市场化模式，形成了一批可供复制的生活垃圾分类模式。第一，国内首创的互联网＋智能垃圾分类的"轻工模式"。该模式开发智能垃圾管理系统，运用物联网和云计算技术实现对生活垃圾的智能计量，对可回收物的智能收购，对社区生活垃圾产生量、居民垃圾分类投放情况进行智能监管等。第二，应用垃圾分类APP"92 回收"模式。市民通过"92 回收"APP 可以查询生活垃圾投放点、回收点，也可预约回收人员上门回收。回收人员通过"92 回收"APP 可以查询预约订单并上门服务。第三，复合宣传、网络管理的"番禺市桥"模式。市街道联合番禺有线、中国电信等企业在社区制作宣传栏、海报，利用社区网站、微信、微博等信息平台推广生活垃圾分类，同时依托网格化管理，安排人员入户宣传、分类督导。此外，广州还形成了"增城小楼""越秀白云""花都花城"等模式。生活垃圾分类收集的市场化模式实现了全程管理的智能化，对于提升居民参与意识、提高垃圾分类准确率具有重要意义（刘佳佳、傅慧芳，2021）。

（三）提升生活垃圾分类处置技术与水平

生活垃圾源头分类只是资源回收利用的第一步，生活垃圾分类处置技术才是生活垃圾分类的出口。广州按照垃圾"资源化、无害化"的原则，采用国内外先进的、成熟的、环境友好的处置技术，对可回收物采用循环利用，对有害垃圾采用无害化处理，对餐厨垃圾采用生化处理等方式利用，对其他垃圾采用焚烧发电、填埋等方式利用能量，逐步实现原生垃圾零填埋。20 世纪以前，广州生活垃圾分类处置主要以填埋为主，较少采用焚烧处置技术。政府为了从根本上解决生活垃圾填埋占用大量土地资源、严重威胁生活环境、资源利用效率低等诸多难题，自 2012 年以来，广州市将建设生活垃圾焚烧发电厂作为提升全市生活垃圾处理技术的突破口，积极创新或引进世界一流环保技术。2019年，广州市无害化处理厂达到 15 座，其中垃圾填埋厂 5 座，垃圾焚烧发电厂 7 座，其他垃圾处理厂 2 座。例如李坑焚烧发电厂作为广州焚烧发电厂的样板工程，积极引进国际领先的垃圾焚烧技术来不断提升生活垃圾分类处置效率。广州生活垃圾分类处置技术的提升不仅最大限度地减少了对周边环境的污染，还降低了生活垃圾的处置成本，真正实现了生活垃圾的"三化"目标。此外，因缺乏建设用地，广州部分城区存在生活垃圾转运站建设"落地难"的问题。为积极"推进垃圾收集、转运站治理和改造升级，建设绿美广州"，广州通过提升作业能力减少气味噪声影响等方式新建改扩建一批垃圾转运站，将生活垃圾直收直压模式改为集中收运模式，还路于民。截至 2024 年 11 月，广州已完成 115 座生活垃圾收集站、35 座转运站的建设改造任务。

🏛 案例二：中国新能源汽车产业发展与政策现状

2001 年，我国启动了"863"计划电动汽车重大专项。从 2005 年开始，国家发改委、工信部、财政部、科技部等部门陆续出台了多项优化汽车产业结构、促进清洁汽车和电动汽车发展的政策措施。综合起来，可以归纳为以下几个方面。

（一）规划目标

2020年，国务院办公厅印发《新能源汽车产业发展规划（2021—2035年）》的通知，其主要内容涵盖了我国新能源汽车产业的发展目标、重点任务及实施路径等多个方面。该规划强调新能源汽车的发展目标，即到2025年，新能源汽车市场竞争力明显增强；动力电池、驱动电机、车用操作系统等关键技术取得重大突破；纯电动乘用车新车平均电耗降至12.0千瓦时/百千米；新能源汽车新车销售量达到汽车新车销售总量的20%左右；高度自动驾驶汽车实现限定区域和特定场景商业化应用；充换电服务便利性显著提高。最终力争经过15年的持续努力，实现两大目标：第一，我国新能源汽车核心技术达到国际先进水平；第二，质量和品牌具备较强的国际竞争力。

（二）支持技术攻关

20世纪90年代，我国已开始对新能源汽车的技术研发进行支持。此后，国家"863"计划持续支持电动汽车的技术进步，各地方政府也对电动汽车研发工作给予了大量的财政支持。与此同时，推动电动汽车各项标准的制定与实施是政府支持产业发展的重大举措。截至2022年4月2日，国家标准化管理委员会已批准发布的新能源汽车领域相关国家标准共81项，这些国家标准涵盖了新能源汽车的多个方面，包括电池系统、充电设施、车辆安全、性能要求等，对于推动新能源汽车技术的发展和应用，提高新能源汽车的质量和安全性具有重要意义。

（三）支持基础设施建设

支持基础设施建设的责任主体是地方政府。目前试点城市都投入了相应资金支持电动汽车充换电基础设施建设，有的城市依赖电力公司、石油公司等第三方建设，有的城市甚至直接由政府投资建设。其中，深圳、杭州等城市的建设投入较大，上海、苏州、杭州还联合启动了苏沪杭城际互联工程建设，这是电动汽车在国内首次实现跨省跨城际互通。

（四）鼓励消费

鼓励消费的措施基本上是对购买符合条件的电动汽车给予相应的补贴，主要有针对政府购买公共交通、市政用车等的"十城千辆"计划和针对私人购买的补贴计划。对于私人购买电动汽车，深圳市的补贴额度最多可达6万元。上海等城市还在资金补贴的同时，规定新能源汽车可以免费获得号牌，使得在上海购买纯电动汽车获得的补贴资金上限，达到了16万元。

复习思考题

1. 简述城市政策制定的过程，并举例说明。

2. 简述中西方城市政策制定主体的不同特点。

3. 请论述城市政策执行的过程。

4. 简述在城市政策执行过程中遇到的主要问题。

PART 3

第三部分

城市管理体系

第五章

城市国土空间规划管理

第一节　城市国土空间规划

国土空间规划是在空间和时间上对一定区域国土空间进行开发保护而做出的安排，是国家空间发展的指南和空间可持续发展的蓝图，也是各类开发保护建设活动的基本依据。我国的国土空间规划由国家、省、地（市）、县（市）、乡（镇）五级组成。其中，城市国土空间规划是本级政府对上级国土空间规划要求的细化落实，是对本行政区域开发保护做出的具体安排，侧重实施性。在新的发展背景下，城市国土空间规划的定位与功能都有新的变化。

一、城市国土空间规划的含义

城市国土空间规划不是传统意义上的城市总体规划，而是在国土空间总体规划已经明确的城镇体系、城市发展战略、城市发展目标、城市功能定位、城市发展规模、城市布局形态的基础上，对城市基础设施、城市公共设施、城市生态景观、城市社会文化、城市居住用地、城市产业用地及城市地下空间等的规划。

城市国土空间规划与传统城市规划有以下区别：①规划的范畴不同，城市国土空间规划将涉及国土规划的更多方面；②规划的边界不同，城市国土空间规划具有更大的灵活性和弹性管理框架，是一个专项规划；③规划的目标不同，城市国土空间规划具有更大的多元性、综合性和品质性，是一种可持续空间塑造的实践；④规划的策略不同，城市国土空间规划重视土地利用而非囿于土地利用，为未来提供综合的"构想"，这个构想由对目标的追求所驱动，具有明确的发展导向性；⑤规划的核心不同，城市国土空间规划重在共同分享构想，共同提升城乡凝聚力；⑥规划的制度不同，城市国土空间规划由城乡主体共同制定规划制度，包括更多的非场所性政策，以更协调的制度模式创造更多城乡发展的均等机会。

二、新背景下城市国土空间规划的定位

从国家机构改革的顶层设计来看，空间规划最高层级称谓将定为国土空间规划。按照《中共中央关于深化党和国家机构改革的决定》、《深化党和国家机构改革方案》及《国务院机构改革方案》制定的《自然资源部职能配置、内设机构和人员编制规定》，对所有空间用途行使统一管制，建立、监督并实施空间规划体系成为自然资源部的重要使命之一。如果只是保留多个现行的空间规划再简单地纳入自然资源部统一管理，无疑不能改变"多规演义"的格局，这显然不符合国家机构改革的初衷。如果只是在"多规"之上增加国土空间规划，但保留原有各个空间规划的管理模式，则仍不可避免地受到多个空间规划的钳制，"多规演义"的格局依旧如故。事实上，在顶层设置国土空间规划，绝不仅仅是一个技术优化的问题，本质上是国家空间治理体系变革的制度投影。这项改革举措事关生态文明建设，有助于提升政府空间治理的治理效能，是空间高质量发展的重要保障。它必须建立全国统一、分级管理、相互衔接、高效运转的空间规划体系，而城市国土空间规划是基于城市尺度的，只能成为国土空间规划"五级"中的规划之一。

城市作为人类追求高品质生活的主要聚居地，通过规划来设计并指导城市空间的和谐发展，适应城市社会与经济发展的需要，是必要也是必需的。但在空间规划体系重构的背景下，城市规划就不能再沿用原有的认识论、思维方式、工作内容和工作程序，而是应该在新的定位层面上，找准新治理体系下的城市空间规划的生态位，重构新治理体系下的城市空间规划价值取向、结构功能和编制范式，比如可以将城市建设专项规划作为其新的职能定位。

三、新背景下城市国土空间规划的功能

空间规划是国家空间治理现代化的重要手段和工具，构建统一有序的国家空间规划体系是实现国家治理体系和治理能力现代化的目标和必然要求。国家空间规划体制的重大改革，应该从治国理政的高度来理解和认识空间规划"战略引领、刚性管控"的作用。过往由于条块分割的管理体制、部门利益的扩张膨胀、集权分权的制度失衡、中央与地方的利益博弈，空间规划变得无序，规划调整成为常态，规划专权乱象随处可见，空间整体呈现碎片化格局，导致城乡建设和发展无序，城市蔓延、人口拥挤、交通拥堵、环境污染、住房困难等空间病态滋生。规划是空间发展的龙头，是空间治理的依据，规划无序必然叠床架屋、互相冲突。因此，空间治理的当务之急是要解决长期以来多个空间规划导致的结构混乱、治理难行的问题。根除多个规划的冲突是空间治理现代化的基本前提，而支持生态文明建设是当前国家空间治理的重点任务。在这种新的背景下，城市规划的功能定位应该服从和服务于现代空间治理，以往那种主要服务于地方项

目的城市规划模式需要做根本性的改变。从现代空间治理的角度来看，山水林田湖草是一个生命共同体，这些自然要素与城市共同组成的国土空间是一个不能被分割的完整系统。未来的城市地区空间规划，应该着眼和着力于现代空间治理，把城市置于山水林田湖草生命共同体的框架之下，进行城市地区的资源开发、资源保护和各类设施建设。这与传统独立成体系的城市规划，尤其是城市总体规划，是有根本不同的。在传统的城市规划框架下，基本上可以做到"我的城市我做主"；但在新的背景下，城市的性质定位、规模、结构、边界、功能、战略等，可能将由国土空间规划"做主"。

四、城市国土空间规划的总体要求

城市国土空间总体规划编制坚持党委领导、政府组织、部门协同、专家领衔、公众参与的工作方式。其中，市级人民政府负责市级总体规划的组织编制工作，市级自然资源主管部门会同相关部门承担具体编制工作。规划编制的工作程序主要包括基础工作、规划编制、规划设计方案论证、规划公示、成果报批、规划公告等。

城市国土空间总体规划要体现综合性、战略性、协调性、基础性和约束性，落实和深化上位规划要求，为编制下位国土空间总体规划、详细规划、相关专项规划和开展各类开发保护建设活动、实施国土空间用途管制提供基本依据。规划范围包括市级行政辖区内全部陆域和管辖海域国土空间。总体规划的期限通常为15年。以2020年发布总体规划为例，本轮规划近期至2025年，期限目标为2035年，远景展望至2050年。城市国土空间总体规划的成果包括规划文本、附表、图件、说明、专题研究报告、国土空间规划"一张图"相关成果等。

第二节　城市国土空间规划的若干重大关系

城市国土空间规划是对空间使用的规划，不是对城市国土空间的简单划分，其核心是统筹好各种空间使用之间的关系。因此，为了提高城市空间规划的治理效能，城市空间规划需要重视若干重大关系问题，主要包括城市规划与城市设计的关系，空间规划与建设管理的关系，城市膨胀与城市收缩的关系，城市开发边界刚性与弹性的关系，以及城市地区大、中、小城市的关系。

一、城市规划与城市设计的关系

城市设计（urban design）最早出现于19世纪40年代，在不同历史时期与文化背景下，对其概念与内涵有着不同的解释。从空间形态的角度出发，规划师与建筑师将城市设计视为按照功能和美学的原则对城市环境形态做出的合理安排和艺术处理。从人在城市中行为需求的角度看，城市设计是一种满足市民城市体验意愿的行动，旨在通过对城市形体方面进行构思，达到人类的社会、经济、审美或者技术等目标。

结合中国的实际国情，城市设计是城市规划与建筑设计的中间环节，目的是为城市建立良好的"体形秩序"或称"有机秩序"（吴良镛，1983），是人们为实现某种特定的建设目标所进行的对城市外部空间与形体环境的设计和组织。《中国大百科全书》指出：城市设计是对城市生活环境进行设计研究、工程实践和实施管理的活动，主要研究城市空间形态的建构机理和场所营造，包括人、自然、社会、文化、空间形态等因素在内（王建国，2018）。也有观点认为城市设计是介于建筑设计与城市规划之间，以方便公共活动与维护公共利益为目的而开展的外部城市空间设计。随着经济的发展，城市设计的内涵不断扩大，宏观城市设计就是其中之一。其主要研究对象是城市整体风貌和特色（杨素卿，2018），被认为是避免"千城一面"的工具。在实践中，城市设计主要是处理"城市的一部分"，是一个单元或是区块的规划，城市规划进行分区后（商业区、住宅区、自然历史保护区等），城市设计用以处理区域内部的设计、建筑群的组合关系、区块与周围环境衔接问题的空间组织关系等。综上，城市设计至今没有简单统一且被广为接受的定义。

二、空间规划与建设管理的关系

城市地区控制性详细规划作为地方规划管理和行政许可的依据，已被实践证明对于空间治理具有重要的作用。控制性详细规划应当结合国土空间的用途管制手段，建立统一的规划管理平台和数据库，进行动态维护、更新和定期评估。此外，控制性详细规划归于地方政府管理事权，可设定地方事权内的强制性规划管理内容，但必须接受上级政府在标准和程序上的监督。在未来的城市地区空间治理体系中，由于行政主管部门不同，如何协调规划与建设的关系，可能有大量需要协调的内容和环节。但无论各地的路径方式有何不同，都需要纳入统一的国土空间信息平台和业务协同平台，统筹协调各部门的项目规划建设条件，进行动态管理监测。

三、城市膨胀与城市收缩的关系

城市膨胀或城市扩张，是一种城市建设用地不断向外扩大的现象，这是城镇化发展的必然结果。1978年，中国的城镇化水平为17.92%；到了2023年，中国的城镇化水平已经提升到66.16%，40多年里增长了3倍多，必然伴随着城市的膨胀过程。大量研究表明，发展越快的城市，越倾向于向城市外围扩张，这就导致了城市蔓延。城市蔓延（urban sprawl）是第二次世界大战后北美、西欧、日本等许多发达国家在城镇化过程中面临的一个共同问题，被认为是一种无序、无计划、分散、低密度的城市空间增长模式。随着全球城镇化步伐的快速推进，城市蔓延成为一个全球性的问题。城市蔓延将居住与就业、购物、娱乐、教育等分离，因此主要表现为依赖小汽车交通的低密度土地开发、公路沿线带状商业区的开发、"蛙跳式"的扩展、土地空间的分离、生活居住区的分散、城区的没落和郊区的扩张、城市开放空间的消失、政府管理的零散等。

按照国际经验，从总体上看，中国城市未来的发展趋势很明确：一定还会继续城镇化，这中间可能有很多弯路要走，但城镇化的方向不会改变。因为从经济学的角度来看，提升效率的有效方式就是分工，分工让生产要素在市场中以更高效的方式重新组合，而分工就必然要求一定的人口规模与市场规模，这是必要条件。只有城市规模的不断扩大，才能带来更高的效率增长。但是，随着城市规模的扩张或膨胀，城市病会影响一些人的决策，流入人口会慢慢减少，伴随着一些人的离开，最终缓慢达成一种动态的平衡。换句话说，在中国城镇化经历过一个阶段的快速发展之后，一些城市将可能面临收缩的局面。国际收缩城市研究网络（Shrinking City International Research Network）认为，收缩城市应该满足以下条件：①人口规模在 1 万以上的城市区域；②面临人口流失超过两年；③经历着结构性的经济危机。目前，关于收缩城市的研究大多以人口流失数量作为主要的测度指标，以多指标（比如经济总量、空间衰败程度、社会和谐程度等）为测算依据的指标体系仍较少。

城市地区空间规划作为国土空间规划的组成部分和一种重要的制度工具，随着城市空间发展方式向集约化和内涵式转变，要求城市地区空间规划在编制体系、方法手段、技术指标和实施管理等方面都要进行相应的调整。参考国外城市地区空间规划应对收缩城市的策略，空间规划将转向以城市更新为代表的复兴型城市规划和以精明收缩为代表的适应型城市规划。复兴型城市规划将政府主导和公众参与相结合，采用文化创意、知识经济和科技创新等方式，对城市中的收缩区域进行更新改造，并通过引入具有增长价值的项目，实现娱乐休闲、商务办公和生活居住等使用功能的提升。适应型城市规划意味着城市发展需要承认增长放缓的现实，以控制增量、盘活存量作为城市空间发展的主要形式，借鉴精明增长理论原则，倡导规模合理的城市组团、集约高效的土地利用、混合发展的功能布局、网络分布的绿色空间体系。

总而言之，未来的城市地区空间规划应当认真分析城市膨胀与收缩的演变规律，按照这种演变规律来确定城市的发展规模、功能定位和空间结构。否则，将会造成资源环境的极大浪费，影响经济社会的可持续发展，使有规划比没有规划可能还糟糕。

四、城市开发边界刚性与弹性的关系

《中华人民共和国国民经济和社会发展第十二个五年（2011——2015 年）规划纲要》首先提出"合理确定城市开发边界"。2013 年中央城镇化工作会议提出"科学设置开发强度，尽快把每个城市特别是特大城市开发边界划定"。2014 年 5 月，住房和城乡建设部与国土资源部按照中央推进新型城镇化的工作部署，在全国选取了北京、沈阳、上海等 14 个城市，联合开展城市开发边界划定试点工作。2015 年，中央城市工作会议再次明确：科学划定城市开发边界，推动城市发展由外延扩张式向内涵提升式转变。2016年10月，中央全面深化改革领导小组第28次会议上审议《省级空间规划试点方案》时指出：要科学划定城镇、农业、生态空间及生态保护红线、永久基本农田、城镇开发边界。随着城市开发边界在中央层面的不断强化，划定城市开发边界（urban development boundary）便成为研究的热点和空间规划体制改革的重要内容之一。2023年，自然资源部发布《关于做好城镇开发边界管理的通知（试行）》，指出运用"三区三线"的划定成果（即城镇空间、农业空间、生态空间，以及永久基本农田、生态保护红线、城镇开发边界），在国土空间开发保护利用中加强和规范城镇开发边界管理。

城市开发边界的划定是综合性的工程，包括经济预测、土地供给预测、土地需求预测、经济活动空间布局、交通规划等；同时也涉及现有城市建成区存量用地的开发进程和非建成区生态本底空间的确定，特别是非建成区及未来划入城市建设区应该划入多大规模、什么时候划入等一系列十分复杂的问题。城市开发边界划定需要充分把握基础设施与城市发展、与城市房地产市场的关系，并能利用这种关系指导城市发展和落实城市地区建设。它不仅要充分了解和把握市场发展趋势，同时也要分析和预测城市发展和政府法规对市场的影响，以及这种影响可能对城市空间开发造成的进一步影响等（丁成日，2009）。可是，市场的最大特点是不确定性，这也是市场的魅力所在。如果城市开发边界划定过于刚性，则不能适应未来不确定性发展的需要，导致规划不具有可操作性，开发边界划定失效，这可以从计划经济失效的历史教训中充分得到证实；如果城市开发边界划定弹性过大，就像沿海某些城市在划定城市开发边界时那样，除了永久基本农田和按照文件必须划入的重要生态旅游保护用地外，都划入城市开发边界，则城市开发边界划定对遏制城市无序蔓延就失去了效用，这可以从20世纪90年代以来中国城市无序蔓延的历史教训中得到证实。因此，如何把刚性和弹性有机结合起来，划定更加科学有效的城市开发边界，就显得十分重要和迫切。

五、城市地区大、中、小城市的关系

城市地区空间规划中如何正确处理大、中、小城市的关系，实质上是国土空间结构优化的问题，理论上应该以核心城市经济、社会影响范围和区域整体发展的需要为依据，是一种以城市功能区为对象的国土空间规划，旨在打破行政界线的束缚，从更大的空间范围协调城市之间和城乡之间的发展，协调城乡建设与人口分布、资源开发、环境整治和基础设施建设布局的关系，使区域经过整合后具有更强大的竞争力。虽然传统的城镇体系规划和城市群规划一样也是一种以空间资源分配为主要调控手段的国土空间规划，但是传统的城镇体系研究与规划实践操作范式已远远不能适应当今全球化时代的特征和城市群体协调发展的要求，亟须新型的城市群规划来予以补充和完善。

值得注意的是，尽管城市群可以被视为人类聚居空间的高级形态之一，但不能忽视的是，它并不意味着城市建成区可以无限地蔓延。而且，目前对于城市群的研究大多停留在表面的定性阐述，缺乏长期而深入的实证研究。受国家战略决策及地方政府盲目跟风的影响，城市群往往被认为是一种理想化的城镇化发展模式而被刻意推崇，使得很多目前并不适宜发展城市群的地区也纷纷开展城市群规划，在一定程度上"虚高"了城市群的研究成果。有关"城市群如何发展"的研究内容对于全球经济一体化、区域协作加强、经济社会转型、城乡统筹及低碳经济等城市发展新背景的认识还存在明显不足（刘玉亭等，2013）。由于中国地域辽阔，城市数量众多，不同地域类型和不同发展条件的城市演化过程和演化机制都会有重大差异，大、中、小城市的关系也极其复杂，不同类型和不同规模城市发展面临的问题存在很大不同。单一的城市群概念、单一的限制某类城市发展或者促进某类城市发展，可能都难以解决大、中、小城市的协调发展问题。尊重城市空间的演变规律和自组织过程，因地制宜地发展不同类型城市，重视城市的高质量生产和高品质生活，可能才是更重要的思维路线。

第三节　城市国土空间专项规划

国土空间专项规划是在总体规划指导约束下，针对特定区域（流域）或特定领域，在国土空间开发保护利用上做出的专门安排。城市国土空间专项规划包括城市交通系统规划、城市基础设施规划、城市产业用地规划、城市生态景观规划、城市社会文化规划、城市居住用地规划、城市更新整治规划、城市地下空间规划等。本节将具体介绍城市交通系统规划、城市基础设施规划和城市产业用地规划。

一、城市交通系统规划

随着经济社会的持续发展，城市机动车总量不断增加，大、中城市的交通拥堵矛盾日益突出，交通拥挤已经成为制约城市品质提升的一个重要因素。城市综合交通是一个涉及道路、轨道、车辆、人流、货流等多个方面，且与交通有关的各项设施高度复杂的综合系统。城市综合交通规划体系，由道路网系统规划、快速路系统规划、轨道系统规划、城市地面公共交通规划、慢速交通系统规划、停车规划、城市货运交通规划和对外交通规划组成。城市交通作为一个系统，也需要进行整体性的规划，在构建规划的框架下进行专项交通规划。在进行规划时应该注意以下几个要点：第一，城市有不同的道路类型，城市道路交通系统规划要满足不同性质交通流的功能要求，按城市道路在城市中的功能和地位进行整体规划。第二，道路交通系统规划要与城市综合交通规划和城市用地规划密切结合，满足城市各用地功能区的交通联系和可达性要求，并充分考虑道路建设对新区建设的引导作用。第三，规划要避免片面追求道路宽度、忽视道路密度的做法，保证道路网主干路、次干路、支路有合理的级配和合理的路网密度。第四，规划要基于充分预测论证，具有弹性，可适时调整，要为未来的发展规划和不确定性变化留有余地，要与对外交通有良好的衔接。第五，城市道路交通系统规划应当充分体现人性化，基于便民便利原则，加强土地利用和交通系统的统筹规划，推进土地复合利用，减少居民出行次数和距离，建立节能和富有竞争力的人性化交通系统。第六，重视交通道路的景观环境功能规划。交通道路的规划、设计、建设和管理都应该综合考量城市空间中的诸多因素，充分发挥城市道路景观风貌的功能，满足市民的整体需求。第七，历史街区的道路要重视保持传统街道空间形态，城市更新对旧城道路的改造应持十分谨慎的态度。

二、城市基础设施规划

城市基础设施是城市存在和发展所必须具备的工程性基础设施和社会性基础设施的总称，是城市赖以生存和发展的基础。城市基础设施是保障城市生存、持续发展的支撑体系。城市基础设施规划一般包括给排水工程、供电工程、燃气工程、供热工程、通信工程、综合防灾、城市工程管线等方面的规划。

（一）城市给水工程规划

城市给水工程规划是为了经济合理地、安全可靠地提供城市居民生活和生产用水及消防用水，满足用户对水量、水质和水压的要求。

（二）城市排水工程规划

城市排水工程规划是根据城市自然地理环境、降水和用水状况，将污水和雨水按一定的系统汇集起来，处理到符合排放标准后排泄或对水体加以利用，以保障城市安全。

（三）城市供电工程规划

电力是城市生存和发展的基础之一，是先行产业。城市供电工程规划是对城市输电与配电建设进行规划和设计，解决供电中的主要问题，保证发电、送电、变电、配电、用电等主体设备和辅助设备形成有机的整体，为国民经济和人民生活提供经济、方便、安全、清洁的能源。

（四）城市燃气工程规划

燃气是清洁、优质、使用方便的能源。实现燃料气化可方便生产生活，减轻污染，改善环境，是实现城市现代化的重要举措之一。城市燃气工程规划要解决相关的气源、输送、储存、分配等技术经济问题，使城市燃气工程的建设和供应更为合理，保证城市居民生活、公共福利事业和部分生产的燃气使用。

（五）城市供热工程规划

集中供热是利用集中热源向工厂、公共建筑、民用建筑供应热能的一种供热方式。发展集中供热，可以节约燃料，提高锅炉热效率，减轻大气污染，减少城市运输量，是城市供热的趋势。城市集中供热规划的主要任务是根据当地气候、生活和生产需求，分析供热系统现状、特点和存在问题，确定城市集中供热方案。

（六）城市通信工程规划

城市通信系统规划包括邮政、电信、广播、电视 4 个子系统的规划。通信工程规划主要综合研究上述几个方面的需求，为通信事业的发展预留地上、地下足够的空间，协调解决通信发送、传输、接收场站及管线网建设和城市建设之间的关系，保证城市信息传导的畅通。

（七）城市综合防灾规划

城市综合防灾规划是近年来城市规划中一门新兴的分支，这是因为随着城市在国民经济社会中的地位越来越重要，人口、产业密集强度越来越高，一旦遭受灾害，往往损失巨大，而且如果此时供水、供电、通信等"生命线工程"中断，就会大大加剧减灾的困难，甚至造成整个城市瘫痪。城市综合防灾规划包括城市消防规划、城市防洪规划、城市防空规划、城市抗震规划及防止地质疫病灾害等规划。

（八）城市工程管线综合规划

为了满足居民生活和工业生产需要，在城市中需要铺设给水、排水、电力、电信、燃气热力等多种管道和线路，这些管道和线路统称为管线工程。由于每种管线的用途和技术要求各不相同，承担的设计单位也各不相同，如果不进行统一安排和布置，就可能会造成诸多问题。这些问题如果在规划设计阶段不予以解决，不仅会影响施工的顺利进行，影响城市的发展和功能的正常运转，有时还会发生安全事故。因此，对规划设计的管线工程必须进行统一安排和综合协调，即工程管线综合规划。

三、城市产业用地规划

城市产业用地是基于产业用途的一种分类，是服务于城市产业用地规划、产业用地监管和产业用地效益优化，以优化城市产业用地的数量结构和空间布局，促进城市经济发展为目的的一种分类方式。目前我国城市用地分类和国民经济产业分类并无直接对应关系。对城市用地分类的主要依据是由住房和城乡建设部颁布并于 2012 年开始实施的《城市用地分类与规划建设用地标准》（GB 50137—2011），该标准将城市土地分为八大类。

城市产业用地配置的关键在于确定"指标"和"坐标"，即数量配置与空间配置。与此直接相关的有各种规划，如经济发展规划、产业规划、土地利用规划和城市规划。这些规划从不同的角度对城市产业用地的数量配置和空间配置做出相应的决策。因此，规划之间的衔接与统一，规划部门之间的合作与沟通是提高城市产业用地利用效率、促进其优化配置的基础。

第四节　城市国土空间规划案例

本节从城市国土空间规划的实践角度，介绍杭州、上海、广州、深圳和重庆5个城市的城市国土空间规划，主要从远景规划、战略定位、开发保护措施、空间格局和特色风貌等方面进行对比。

案例一：杭州市国土空间总体规划

2017年5月31日，杭州市规划和自然资源局发布《杭州市国土空间总体规划（2021—2035年）（草案）》（以下简称"杭州2035"），并于2024年10月获国务院批准。"杭州2035"提出杭州市的城市性质为浙江省省会、东部地区重要的中心城市、国家历史文化名城及国际性综合交通枢纽城市。同时，将杭州市的核心功能定位于全国数字经济创新中心、区域性科技创新高地、先进制造业基地、东部现代服务业中心、国际旅游目的地。其中，还包含了杭州的总目标和分阶段目标（见图5-1）：2025年是"数智杭州　宜居天堂"，2035年是"社会主义现代化国际大都市"，2050年是"独特韵味别样精彩的世界名城"。

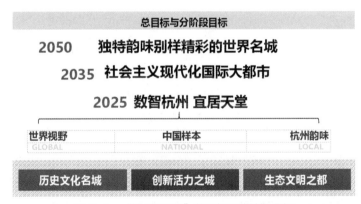

图 5-1　"杭州2035"总目标和分阶段目标

在国土空间开发保护格局方面，"杭州2035"明确杭州将构建"一主六辅三城、三江两脉八带"的多中心、网络化、组团式、集约型总体空间格局，锚固"蓝心绿底、三江两脉、绿楔融城"的生态空间格局，打造"主城—辅城—县城—重点镇——般镇"的市域城镇空间结构和"三区一带多点"的农业空间格局。

在产业方面，推动产业创新发展，聚焦五大产业生态圈，促进创新要素集聚和产业转型，推动土地复合利用和存量空间再开发，保障新质生产力发展空间，实现科创西拓、智造东联、园区聚集、创新联网，不断做强城西科创大走廊、钱塘新区、临空经济示范区等重点产业平台。

案例二：上海市国土空间总体规划

《上海市城市总体规划（2017—2035 年）》（以下简称"上海 2035"）于 2017 年 12 月公布，其内容包含报告、文本、图集、公众读本四份文件，明确了上海的总体目标、发展模式、空间格局、发展任务和主要举措，为上海未来发展描绘了美好的蓝图（见图 5-2）。

图 5-2　《上海市城市总体规划（2017—2035 年）》（报告）目录部分

在成果体系上，"上海 2035"形成了"1+3"完整的成果体系，"1"为《上海市城市总体规划（2017—2035 年）报告》，"3"分别为分区指引、专项规划大纲和行动规划大纲。其中，"3"中的分区指引，对应指导各区规划事权，以行政区为对象，从战略引导、底线控制、系统指引等方面指导各区规划编制。在发展目标上，"上海 2035"提出了建设"卓越的全球城市"的总目标，打造"更具活力的繁荣创新之城、更富魅力的幸福人文之城、更可持续的韧性生态之城"的分目标。在发展模式上，确立了"底线约束、内涵发展、弹性适应"的发展模式。在城市规模方面，为缓解人口快速增长与资源环境紧约束之间的矛盾，"上海 2035"提出，2035 年的常住人口调控目标为 2500 万人左右。在空间布局上，提出了"一主、两轴、四翼，多廊、多核、多圈"的空间结构和"主城区—新城—新市镇—乡村"的城乡体系。在发展策略上，整合了综合交通、产业空间、住房和公共服务、空间品质、生态环境、安全韧性、低碳环保等领域的重点发展策略。

案例三：广州市国土空间总体规划

《广州市国土空间总体规划（2021—2035年）》（以下简称"广州2035"）明确了广州的城市性质：广东省省会、我国重要的中心城市、国家历史文化名城、彰显海洋特色的现代化城市、国际性综合交通枢纽城市、科技教育文化中心，并将其核心功能定位于国际商贸中心，全国先进制造业基地、综合性门户，国际科技创新中心重要承载地。广州将以"美丽宜居花城、活力全球城市"为目标愿景，围绕实现老城市新活力、"四个出新出彩"，继续在高质量发展方面发挥领头羊和火车头作用，打造老城市新活力示范区，建设具有经典魅力和时代活力的中心型世界城市。制定面向2025、2035、2050的分阶段发展目标，构建与之相匹配的国土空间规划指标体系和规划实施传导路径。在国土空间开发保护总体格局方面，广州市将以"三区三线"和主体功能区战略格局为基础，构建"一脉三区、依山达海、多中心组团式网络化"的国土空间开发保护总体格局。重点以珠江水系为脉络，形成北部山林生态区、中部沿江都市区、南部滨海新城区三片区域，依托重要水系和生态廊道，整合生态和农业资源，保护传承历史文化遗产，构建功能互补的城市组团，推动国土空间山水连城、融湾入海、紧凑集约。

案例四：深圳市国土空间总体规划

《深圳市国土空间总体规划（2021—2035年）》（以下简称"深圳2035"）明确了深圳的城市性质：经济特区、国家创新型城市、现代海洋城市、国际性综合交通枢纽城市。深圳市要发挥全国性经济中心、全国先进制造业基地、对外开放门户、国际科技创新中心重要承载地等功能。

以建设中国特色社会主义先行示范区、创建社会主义现代化强国的城市范例、建成更具全球影响力的经济中心城市和现代化国际大都市为目标愿景。在国土空间布局方面，构建支撑新发展格局的国土空间体系，主动服务共建"一带一路"，发挥粤港澳大湾区核心引擎优势，强化前海深港现代服务业合作区、河套深港科技创新合作区深圳园区建设，与香港、澳门深度合作、协同发展。强化与广州"双城"联动，高标准建设深汕特别合作区，促进与珠江口西岸城市融合互动，加强深圳都市圈国土空间开发保护利用的区域协同，促进形成主体功能明显、优势互补、高质量发展的国土空间开发保护新格局。

案例五：重庆市国土空间总体规划

《重庆市国土空间总体规划（2021—2035年）》提出建设国家中心城市、建成更加彰显"山水之城、美丽之地"独特魅力的社会主义现代化国际大都市的目标愿景，重庆将城市核心功能定位于全国先进制造业基地、西部科技创新中心、对外开放门户和长江上游航运中心。

在空间格局方面，重庆市提出以"三区三线"为基础构建国土空间开

中国主要城市国土空间规划对比

发保护新格局的目标。"三线"指立足资源环境承载能力，统筹划定耕地和永久基本农田、生态保护红线、城镇开发边界三条控制线；"三区"指优化农业空间、生态空间和城镇空间布局，深化落实区域协调发展战略、区域重大战略、主体功能区战略、新型城镇化战略，通过"三区三线"优化资源配置，构建主体功能明显、优势互补、高质量发展的国土空间开发保护新格局。

在发展目标方面，重庆市同样制定了分阶段目标：在 2025 年，建成创新之城、开放之城、便捷之城、宜居之城、生态之城、智慧之城、人文之城的基本框架，步入现代化国际大都市行列，支撑成渝地区双城经济圈的经济实力、发展活力、国际影响力大幅提升，支撑全国高质量发展的作用显著增强。到 2027 年，全面建设社会主义现代化新重庆。到 2035 年，全面建成创新之城、开放之城、便捷之城、宜居之城、生态之城、人文之城，支撑成渝地区双城经济圈成为实力雄厚、特色鲜明、具有影响力的活跃增长极和强劲动力源。到 21 世纪中叶，全面建成社会主义现代化强市、具有世界影响力的国际大都市，全面建成共同富裕美好社会，为我国全面建设社会主义现代化国家、全面推进中华民族伟大复兴谱写重庆篇章。

复习思考题

1. 简述城市国土空间规划的概念。
2. 简述城市国土空间规划的定位及功能。
3. 试论城市地区大、中、小城市的关系。
4. 城市国土空间总体规划的主要编制内容有哪些？
5. 简述城市更新的含义及内容。
6. 城市更新的方式有哪些？

第六章

城市基础设施管理

第一节　城市基础设施概述

　　城市基础设施伴随城市的出现而出现。我国考古发现的殷墟（今河南安阳）水井和道路遗址，就是早期的城市基础设施。古代城市基础设施具有分散、简单和小规模的特征。近代以来，由于社会生产力中心转移到城市，人口和产业不断涌向城市，城市基础设施呈现出系统化、专业化和大规模的特征。然而，城市基础设施的概念尚未形成统一的解释，其概念体系也在进一步完善之中，它是一个不断发展的动态概念。本节主要介绍城市基础设施的内涵、特征及类型。

一、城市基础设施的内涵

　　世界银行《1994 年世界发展报告：为发展提供基础设施》指出，"经济基础设施"包括公共设施、公共工程、其他交通运输部门这 3 个方面。我国建设部 1998 年颁布的《城市建设规划基本术语标准》中对城市基础设施进行了界定：城市基础设施是指城市生存和发展所具备的工程性基础设施和社会性基础设施的总称。

　　城市基础设施也称城市基础建设（以下简称基建）、公用事业设施或市政工程设施。严格地讲，公用事业设施和市政工程设施，在具体含义上是有区别的。公用事业设施是指具有自然垄断性质的基础设施，如供水、供电、供气、电信、地铁等，其消费具有排他性特征，可以将不付费者排除在共同消费之外。在政府部门的规划指导下，公用事业设施可引入市场机制，授权私人部门负责生产和运营。市政工程设施是指具有公共产品属性的城市基础设施，如城市道路、桥梁、隧道、下水道等，其消费具有无偿性和非排他性，市场机制难以实现有效供给，一般由城市政府负责筹措资金。

二、城市基础设施的特征

城市基础设施是以特定方式直接或间接地参与城市的生活和生产过程的一个综合系统，主要有以下特征：一是公用性和公益性。城市基础设施是提供给城市经济生产部门和全体市民的集体消费品，各种经济和社会活动都离不开基础设施。基础设施的外部性和公益性很强，企业和个人可以从中获取巨大收益。城市基础设施建设会产生较大的社会效益，而资金收益率较低。二是自然垄断性。有些城市基础设施行业需要进行大规模的管道或网络建设，初始投资规模巨大，具有天然的垄断性，只能由一家企业进行经营。城市水电煤气、地铁、电信等基础设施，都具有自然垄断特性。三是成本沉淀性。城市道路、机场、港口等交通设施，给排水管道设施，电信网络铺设等，都需要投入巨额资金。而且，投资一旦实施，就会形成大量的沉淀成本，而变动成本的比重相对较小。有些基础设施运营没有直接经济收入，全靠政府财政补贴；有些基础设施运营收不抵支，需要财政提供补贴；有些基础设施实行使用者付费，但投资成本需要较长时间才能收回。四是超前性和系统性。城市基础设施一经投产就会长期发挥作用，其建设需要具有超前性，要预测到未来一定时期的使用需求。从建设次序安排看，要根据"先地下、后地上"的原则，基础设施比生产和生活设施提前建设，确保同时交付使用。城市规划要为基础设施建设留有余地，以适应产业升级和人口规模扩张的需要。城市基础设施是一个大系统，不同类别的基础设施之间具有相互依存性。五是不可移动性。城市基础设施属于固定性物质设施，它一经建成就具有不可移动性。城市基础设施提供的产品或服务一般依赖于一定的区域市场，建成以后，就只能立足于固定的地理区位向居民提供服务。由于基础设施具有不可移动性，所以在建设前需要进行项目评估和可行性论证，以确保基础设施建设的宏观效益和利用率。

三、城市基础设施的类型

将城市基础设施可划分为六大系统：城市水源及供水、排水系统，城市能源动力系统，城市交通运输系统，城市邮电通信系统，城市生态环境系统，城市防灾系统（见表6-1）。

表6-1　城市基础设施构成

系统名称	具体功用
城市水源及供水、排水系统	城市水资源开发利用设施、自来水的生产和供应设施、雨水排放设施、污水排放和处理设施等
城市能源动力系统	电力生产和输变电设施、燃气生产和供应设施、集中供热生产和供应设施等
城市交通运输系统	道路桥梁设施、城市公共交通设施、城市对外交通港站设施
城市邮电通信系统	邮电设施、电信设施等
城市生态环境系统	城市环境卫生设施、环境保护设施、园林绿化设施
城市防灾系统	城市防洪、消防、防震、防地面沉降、人防备战设施等

近年来，新型基础设施建设日益受到关注。新型基础设施主要是指大数据中心、人工智能、云计算中心、5G 移动通信网络、工业互联网、物联网等依托互联网和数字科技的网络系统。这些新型基础设施在加快信息处理、提升生产效率、改进产品质量、改善服务体验等诸多领域展示出独特的魅力。2018 年 12 月召开的中央经济工作会议指出，要"加快 5G 商用步伐，加强人工智能、工业互联网、物联网等新型基础设施建设"。2019 年国务院《政府工作报告》也强调，要"加强新一代信息基础设施建设"。2020年年初，以"大智移云"为代表的新型基础设施在抗击新型冠状病毒疫情中发挥了积极作用。

必须指出的是，尽管新型基础设施的发展同样需要大量资金投入，但相比于道路、桥梁等传统基础设施，其既不需要消耗大量钢筋水泥，也不需要占用农田土地，而更多的是依赖一个国家的科技、网络、数据等近乎无形的生产要素。换言之，新型基础设施所依托的往往是技术密集型的信息科技产业和高端制造业，而不是传统资本或劳动密集型的制造业和建筑业。

根据城市基础设施的内涵和特征，城市基础设施主要可以分为三类：一是经济型基础设施，主要包括交通、通信、能源、水利等传统的基础设施；二是社会型基础设施，主要包括教育、医疗、卫生、文化、体育等提供民生服务的基础设施；三是新型基础设施，主要包括大数据、智能化、移动互联网、云计算等数字科技型基础设施。

第二节　城市基础设施建设与运营

长期以来，由于基础设施具有建设成本高、运营时间长、投资回报率低等特性，基础设施的投资、建设、运营和管理似乎一直是政府部门和国有企业的"专利"。城市基础设施运营方式的主体包括公共部门和私人部门，具有多样性。城市基础设施的运营方式主要有公办公营、公私合作、私人经营 3 种类型。本节主要介绍城市基础设施的运营方式与供给方式、基础设施投融资体制改革，以及具有中国特色的城市基础设施建设投融资模式和制度体系。

一、城市基础设施运营方式

（一）公办公营

公办公营是由政府直接投资和经营城市基础设施，正外部效应显著。城市道路、桥梁、路灯、绿化、消防、公园等基础设施，普遍实行公办公营模式。在这种模式下，政府拥有全部产权，通常按照现代企业制度组建专业化公司进行运营。这些基础设施运营公司，具有准官方性质，董事会成员全部或大部分由政府委任。这类公司通常享有特许经营权，容易得到政策优惠和照顾。

（二）公私合作

公私合作是指政府与私人部门合作，联合提供城市基础设施及相关服务。公共部门和私人部门的合作，既发挥了公共部门的规划和规制优势，同时也发挥了私人部门在管理、技术和资金上的优势，公私合作提高了基础设施的生产能力。那些由政府直接投资的基础设施项目，也可以实行公私合作，即政府以业主的身份委托私人部门负责日常运营。

（三）私人经营

私人经营是政府以公开招标、特许经营或开放竞争等方式吸引私人部门，民营企业获得基础设施项目生产和运营权。私人企业可通过使用者付费机制实现投资回报。在私人经营模式下，基础设施项目和服务的收费标准，由市场供求关系调节。政府通常要在市场准入、产品质量、服务价格等方面进行规制。一般而言，私人企业的运营效率普遍要高于公共企业。

二、城市基础设施供给模式

第二次世界大战之后，不少工业化国家的政府不得不拥有和经营大量与基础设施相关的企业部门，包括铁路、军工、航空、邮政和电信等。但大量事实表明，政府一般不可能或不愿意按照商业原则经营国有企业，因此国有企业经济低迷、亏损的情况十分普遍。面对这一情况，政府动用财政资金补贴国有企业便成为家常便饭，而这又导致了国有企业软预算约束的形成。在政府财政托底的保障下，国有企业负责人更加没有动力去改善经营效率，转而追求更高的在职消费，这最终导致亏损加剧。在这一背景下，不少国家债台高筑，财政预算直线膨胀，甚至陷入"越亏越补、越补越亏"的恶性循环。

20世纪80年代以来，经济自由主义思潮席卷全球。一方面，以提高行政效率、压缩政府规模为宗旨的"新公共管理运动"广泛兴起。另一方面，以促进自由竞争、发挥市场作用为目的的"私有化运动"蓄势待发。美国里根政府通过大规模削减政府开支、整顿国有企业来提振经济。英国撒切尔政府更是大刀阔斧地削减公共部门的规模，并致力于推动国有企业的私有化改革。

在这一背景下，基础设施民营化、私有化的浪潮高涨，开始成为一种转变政府职能、提高公共资金效率的重要手段。企业部门迅速参与基础设施的供给中，以BOT（build-operate-transfer，建设—经营—转让）模式为代表的一系列创新的基础设施供给模式应运而生。BOT模式是指政府向企业颁布特许权，允许其在一定时期内建设某一基础设施项目并负责经营管理，并在特许期结束后将项目所有权移交给政府部门的基础设施供给模式。

在BOT模式的基础上，一系列衍生模式被开发出来。例如，委托经营（operations &

maintenance，O&M）、管理合同（management contract，MC）、租赁—经营—移交（lease－operate－transfer，LOT）、建设—拥有—经营（BOO）、购买—建设—经营（buy－build－operate，BBO）、移交—经营—移交（transfer-operate－transfer，TOT）、改建—经营—移交（rehabilitate－operate－transfer，ROT）、区域特许经营（concession）等模式，以及上述模式的组合。

这种私人部门与政府部门之间签订长期合同，以提供基础设施等公共产品或服务的模式被统称为政府和社会资本合作（public－private-partnership，PPP）模式，即公私合作模式。尽管在各类具体的PPP模式中，定价机制、投资回报、风险分担、期满处置等因素各有不同，但重要的是，政府与企业建立了利益共享、风险共担、长期合作的合约机制。这种基础设施的私有化并没有彻底取消政府在提供基础设施中的职能，但在很大程度上转变了政府职能的性质，将政府部门从直接组织生产和融资中解脱出来，使其专注于监管企业这一领域。20 世纪 90 年代以来，面对发展中国家基础设施的巨大需求和政府财力的相对拮据，PPP 模式开始盛行起来。

三、基础设施投融资体制改革

中国的城市基础设施建设规模日益扩大，投融资渠道和方式也不断创新，投融资主体呈现出多元化的发展格局。然而，中国的城市基础设施投融资体制仍存在诸多问题，不能满足现代城市建设的需要。借鉴国外经验，我国需要改革基础设施投融资体制，加快形成具有中国特色的城市基础设施建设投融资模式和制度体系。

目前，国内城市基础设施建设的投融资渠道主要是政府、银行信贷和资本市场。国内政府融资的主要方法是财政支出、政府采购、租赁合同和特许经营，而资本市场中利用股票市场来为城市基础设施建设提供资金是国内资本市场中最常见、最有效的方式。国内基础设施资本市场融资始于股票市场，并且正在快速增长。据统计，沪深两市A股经营城市基础设施的上市公司有 60 多家从事电力、道路建设、交通运输等业务。该类上市公司的共同特点是：第一，经营基础设施的企业享受政策优惠；第二，大股东拥有强大的资源整合能力。总之，我国城市基础设施企业具有很大的发展潜力和空间。以中国供电企业上市融资为例，由于此类产品在生产和生活中需求稳定，受外部影响小，并且有政府的支持和保护，具有较强的行业垄断和股权扩张能力，而且成长性很好，适合发行股票筹集资金。此外，还有其他类型的基础设施上市公司，如高速公路。我国高速公路行业目前正处于产业扩张时期，国家发改委、交通运输部联合印发了《国家公路网规划（2013—2030 年）》，预计在此期间完成 8.5 万千米横贯东西纵贯南北的公路网。2004 年以后，出现了一大批高速公路上市公司，地方公路建设全面展开。目前，股票市场融资已成为我国公路融资的重要方式。

我国的基础设施投融资体制改革虽然取得了一些成绩，但也存在不少问题，改革中缺乏顶层设计，没有理顺政府规制与市场化的关系，改革时常偏离预期轨道，并引发一系列深层次的社会问题和矛盾。当前我国城市基础设施投融资体制改革需要处理好以下几个关系。

一是解决资金短缺与推进制度创新的关系。推进改革的主要目的不是解决资金短缺问题，而是实现体制机制的改革，创新管理经营制度，提高基础设施的管理和服务水平。因此在引进社会投资者时，要设定资质要求，不仅要有资金实力，还要有一定的专业化经营管理能力。如果社会投资者只有资金实力，而没有专业化能力，则必须要求其与有资质的企业组成联合体才可以参与基础设施项目的投资建设和经营。

二是处理好垄断与市场化的关系。垄断分为自然垄断和政府垄断，推进基础设施投融资体制的市场化改革，首先指的是打破政府垄断，即取消禁止或限制民间资本进入的政策；其次是要打破比政府垄断更严重的政府包揽，理顺政府和基础设施企业之间的关系；最后是要在尊重某些基础设施行业自然垄断规律的前提下推进市场化。自然垄断具有正反两方面的作用，既具有规模经济效益，又有可能对公共利益产生危害。市场化的目的不是竞争本身，而是要通过引入竞争来提高效益。在市场化改革过程中，为防止自然垄断对公共利益的危害，要加强对自然垄断行业的政府管制，禁止通过政府垄断来强化自然垄断，但不能以引入市场竞争的名义来随意肢解自然垄断行业内的企业，以免造成效益损失。此外，还要区分竞争环节和自然垄断环节，在竞争环节实行多元主体。

三是处理好政府与基础设施国有企业的关系。由于基础设施所具有的公共物品属性，负责运营管理基础设施的国有企业也具有不同于一般竞争性领域国有企业的特点，使基础设施国有企业的改革具有独特性。但国有企业改革政策中并没有为基础设施国有企业改革提供差别化设计，在基础设施国有企业建立现代企业制度的过程中存在较为复杂的情况，一方面政府对公共服务的责任要求政府必须加强对基础设施国有企业的管制，加强基础设施领域国有资本的控制力，尤其是负责运营某些非经营性基础设施的国有企业必须依靠政府的财政补贴，不可能完全做到政企分开；另一方面，某些负责运营经营性基础设施的国有企业完全具备市场化的条件，可以不必依赖政府而独立生存。因此在改革实践中，不能拘泥于一种改革模式，而要按照市场化的改革方向，推行政府管制下的市场竞争，区分基础设施国有企业的类别，推进不同程度的市场化改革。对于运营经营性基础设施的国有企业，可以在政府的市场监管下完全推向市场；对于运营非经营性基础设施的国有企业，可以在政府管制下在某些环节上引入市场运作机制。

四是处理好监管与被监管的关系。实施基础设施投融资体制市场化改革，开放基础设施建设和运营市场，要构建完备的市场监管体系，必须处理好行政监管、法律监管和经济监管之间，程序性监管与实质性监管之间，准入管制、价格管制和普遍服务义务管制之间的关系。另外，不能忽视对政府监管部门的监管，既要为进入基础设施建设运营市场的社会投资者提供反馈利益诉求、监督政府部门行政行为的渠道，也要加强投资主管部门对行业主管部门、财政审计部门的监管，加强人大、政协对改革推进、实施部门的监管，并建立社会监管机制。

第三节　城市基础设施发展成就与挑战

进入 21 世纪以来，经济高速增长导致的社会代价凸显，地区差距、环境污染、生态恶化等问题日益严峻。这些新问题从需求的角度给基础设施的发展提出了新的要求，科学发展、均衡配置、绿色环保、高效节能成为基础设施发展的重要目标。本节总结城市基础设施发展成就与面临的挑战。

一、城市基础设施发展成就

2008 年全球金融危机对中国经济造成明显冲击，为弥补外需缺口，国家实施"四万亿计划"以稳定经济增长，其中约 15000 亿元投资于基础设施建设，为实现经济回升向好奠定了基础。

党的十八大以来，中国逐渐从高速增长阶段转向高质量发展阶段。在高质量发展的目标的引领和新发展理念的指导下，国家将基础设施高质量发展作为深化供给侧结构性改革的重要战略方向，强调加快提高基础设施现代化水平，着力形成基础设施平衡发展格局，全面提升基础设施互联互通水平。这些都是新时代经济发展和改革对基础设施建设提出的新需求。

从基础设施供给角度来看，改革开放以来，随着技术的进步和资本的积累，中国基础设施供给能力显著提升。一系列具有较高技术含量的基础设施工程得以问世，高速铁路、跨海大桥，以及高海拔地区的桥隧工程无不体现出中国基础设施建设的世界级技术水平。

更重要的是，以"政治集权、经济分权"为特征的政治经济体制也从供给侧影响地方基础设施的发展。在以经济增长为核心的政绩考核体制下，地方政府有动力通过投资交通、通信、能源等基础设施以吸引外来资本进入，从而推动当地经济增长。可以说，基础设施竞争已经成为地方竞争的典型手段。值得注意的是，近年来，随着铁路、公路、机场等基础设施的日益完善，传统基础设施的吸引力趋于下降。在这一背景下，各地方政府开始探索和培育新型基础设施相关产业，试图将以互联网为基础的数字科技融入市政设施和实体经济，以提升城市的综合竞争力。

与此同时，中国的国家治理体系不断完善，治理能力不断提高，基础设施供给模式开始从完全由政府提供模式逐渐转向政府与社会资本合作模式，政府部门的角色开始从"建设者"和"运营者"逐渐转变为"合作者"和"监管者"。这一供给模式的改进体现了国家治理能力的提升，不但有利于缓解政府发展基础设施的财政压力，而且有利于发挥政府和社会资本各自的比较优势，从而推动基础设施的高质量发展。

二、城市基础设施发展面临的挑战

毋庸讳言，中国未来的基础设施发展将面临诸多挑战。

（一）基础设施的债务风险

2008年全球金融危机以来，我国各地政府争相投资高速铁路、高速公路、机场等基础设施项目，尽管在短期内拉动了经济增长，但随着时间的推移，过度投资的弊病开始显现，基础设施的增长效应逐渐减弱。特别是在当前经济下行压力增加的背景下，一些地方政府财政拮据，对基础设施的运营和维护显得力不从心，甚至由于过去基础设施的无序扩张而负债累累。因此，积极化解系统性地方金融风险是未来基础设施发展的重要前提。

（二）基础设施的安全风险

基础设施质量标准不高、运行管理粗放依然是亟待解决的难题，路桥坍塌、城市内涝等事件都反映出基础设施建设的质量短板。因此，提高城市管网、排水防涝、消防、交通、污水和垃圾处理等基础设施的建设质量、运营标准和管理水平，消除安全隐患，增强城市防灾减灾能力，保障城市运行安全，是我国未来基础设施高质量发展的必然要求。

（三）基础设施的制度风险

在PPP模式下，民营企业面临一系列的制度风险。首先，一些地方政府设置壁垒以排斥民营资本的进入，使得真正获得PPP项目的都是具有政府背景的国有企业。其次，一些地方政府没有给出可信承诺，导致民营企业担心地方政府官员换届后会面临重新谈判的可能，甚至参股PPP项目后无法退出。最后，民营企业担心PPP项目进入经营阶段之后，地方政府可能会收回这一半成熟的项目并委托给其他企业经营，导致民营企业前期投资"为他人作嫁衣"。这一系列"公私合作"乱象都是阻碍基础设施供给模式创新发展的负面因素。

第四节　城市基础设施管理案例

案例一：杭州城市智慧化管理——滨江智慧治水

高新企业云集的杭州高新区（滨江）临江而建，因此也面临治水问题。这场治水运动中也不囿于传统方式——当地正借势第三方专业机构，构建一张"水陆统筹、天地一体、点面结合"的检测监控网络。3年治水，让高新区不仅有一流的经济、科技、人才，更拥有了一流的生态环境、发展环境。

滨江区在全区河道和雨水管网的关键节点安装了水质实时检测仪、河道水位水文监测仪、河道视频监控仪、管网水位自动监测仪，依靠GIS（Geographic Information System，地理信息系统）平台展示监测数据。目前，已建设河道水质自动检测站19个、河道流量监控站7个、河道雨水监测站12个、管网水位监测站26个、河道视频监控点位29个、智能感应井盖628个。这意味着，滨江区可全面实现对水环境、污染源、生态状况等河道环境要素的自动感知。

智慧河道引入信息化和物联网科技手段，不仅为滨江的统一治河提供了全面调度决策信息支持，同时也为健全智慧滨江物联网的统一基础服务平台和大数据服务平台提供了信息支撑——这种科学系统的智慧治水，也给滨江区带来了显著的变化。

🏛 案例二：上海城市基础设施管理系统

由于市政设施管理工作具有资料繁多、信息量大、涉及面广、变化快、流程复杂、整体性强等特点，因此打造现代化管理利器、突破传统管理瓶颈、实现管理水平与管理效能质的跃升成为迫切需要。2022年，上海市住房和城乡建设管理委员会同市经信委联合发布《关于开展上海城市信息模型（CIM）底座建设的指导意见》，归集全市白模、精模、地下管线与构筑物、区域CIM（city information modeling，城市信息模型）、工程建设BIM（building information modeling，建筑信息模型）等三维数据，以及燃气、交通路况等IOT（internet of things，物联网）数据，建成上海市级CIM平台，提供GIS、BIM、IOT、UE（unreal engine，虚幻引擎）等应用赋能能力，支持全市数字孪生项目建设，市政设施信息化管理实现"数治"新模式，发展成一套面向全市市政行业，整合各类管理业务，贯穿管理全过程，涵盖职能范围内全部设施的综合信息化管理平台。下辖的道路桥梁管理子系统、高架桥隧设备管理子系统、路政管理子系统及建设项目管理子系统，为各项工作有序开展、管理职能充分发挥、管理效果全面优化提供了强有力的技术支撑。系统基于BS建筑架构，运行在互联网上。地理信息发布采用Web GIS技术，系统服务主要由三类构成，分别是Web服务类、数据库服务类和GIS服务类。其中Web服务采用Ajax技术进行构建，开发采用GWT框架；数据库服务主要采用Microsoft SQL Server（属性数据）ArcSDE（GIS数据）进行构建；GIS服务采用GeoServer进行构建。系统贯穿了市政设施管理工作中的各项业务过程，涵盖了设施管理、养护管理及行政审批等各类管理职能。从应用功能角度来看，可以分为地图管理、属性管理、维护管理、作业管理、行政许可管理、项目管理及综合信息管理等七方面的内容。

复习思考题

　　1. 简述城市基础设施的内涵。
　　2. 简述城市基础设施的特征和类型。

3. 城市基础设施的运营方式有哪几类?

4. 城市基础设施供给模式有哪些?

5. 试论城市基础设施投融资体制改革的基本方向。

6. 试论城市基础设施发展展望。

第七章

城市社会管理

第一节　城市社会管理概述

历史证明，长久以来，在持续的混乱中，没有任何城市体系能够长存，只有在强有力的法律约束和秩序的管理之下，城市才能兴旺发达。现代城市人口多，流动性强，人员复杂，导致城市社会管理的难度远超以往。生活在城市里不同民族、职业和文化背景的个体有各种不同的利益和精神诉求，不同文化和利益的差异导致的矛盾和冲突在所难免。城市的管理部门和管理者要通过制定社会政策和法规，依法管理和规范城市中的社会组织，处理好社会事务和社会矛盾，使社会能正常地发挥功能并不断地发展和完善。本节主要阐述社会管理的内涵及改革原则的内容。

一、城市社会管理的内涵

城市社会管理是指政府及其相关职能部门通过制定社会公共政策和地方性法规，统筹管理社会组织、社会事务，调节社会矛盾，缓和社会冲突，从而在一定程度上维护社会公正和秩序。按照社会管理工作的范围，我国的城市社会管理工作分为两类：一是专门性的社会管理，分为城市人口管理、城市治安管理、城市社会保障管理、城市社区管理；二是综合性社会管理，分为城市综合治理、城市突发事件应急管理。城市社会管理的基本内容如下。

（一）保障公民权利

我国《宪法》规定，中华人民共和国公民享有合法的基本国民权利，其中就包含安全健康、生存发展、自由迁徙等基本人权。为了保障这些权利的有效实现，需要有执行力的制度和组织机构进行运作，应急部门中的公安、民政、危机管理等职能机构担负着相应的职能，承担着社会管理的主要职责。

（二）维护社会秩序

创建安全有序的社会环境是有关政府职能部门的主要责任。社会管理的基本目标之一就是维护社会治安，建立良好的社会秩序，为社会的经济、政治、文化发展创造良好的社会环境，有效打击犯罪分子，依法处理危害社会安全的事件，维护城市居民生活的基本秩序。

（三）协调社会利益

社会存在不同的阶级或阶层，各个阶层有不同的利益诉求，在寻求各自利益的过程中难免会发生摩擦甚至冲突，处理不当的话会带来不良的社会影响，甚至导致社会动荡。因此，社会管理部门肩负着协调社会各阶层利益、化解内部矛盾、营造和谐气氛的重任。

（四）实施社会政策

社会分化造成贫富差距拉大等社会不公现象，需要政府部门发挥政府职能优势，通过各种政策手段开展对社会弱势群体的救助和帮扶，使社会弱势群体得到支持和发展的机会，促进社会公正与公平。

二、城市社会管理改革的原则与问题

（一）我国城市社会管理改革的原则

1. 和谐发展

城市社会管理要与城市经济发展、公共服务和政府自身建设变化相适应，社会管理最好能超越经济发展。充分预测社会结构的变化，考量人民群众的需求。

2. 以人为本

社会管理的宗旨就是为人民服务，构建富强民主文明的社会秩序，改善城市居民的生活环境和生活水平。因此，管理要以加强社会保障体系建设为重点，关注民生，体察民情，服务民众。同时建立社会主义民主体制，让人民群众真正掌握主动权。

3. 科学管理

社会管理的对象多，层次差别大，地域上也形成不同的特点，需要城市管理部门加大工作力度，提高管理的技术含量，不断提升管理方法的针对性，做到有所为有所不为，从实践上真正做到为人民服务。

（二）我国城市社会管理中存在的问题

整体而言，我国城市社会管理的职能在某些方面仍存在不足，管理水平需要提升，社会管理的机制和效果还不能让广大人民群众完全满意，说明我国的社会管理水平仍有提升的空间。一是在城市社会管理方面的投入资金比例较小。自实行改革开放政策以来，我国城市社会管理的财政支出占城市生产总值（城市GDP）的比例没有超过3%，年均增长幅度小。随着城市化进程的加快，这一资金占比远远不能满足日益繁重的社会管理现实任务的需要，部分制约了社会管理改革的进程。二是国家在城市社会管理方面的立法滞后。新中国成立以来，尚未出现一部完整全面的适合中国社会的社会管理法，各类部门法规明显落后于社会发展和变迁的速度。例如，户籍法规不能适应当前形势对人力资源流动的需要，限制了人口的自由迁徙，带有计划经济的色彩。三是社会保障跟不上社会公正发展的需要。随着城镇化进程的加快，城市规模不断扩大，人员也不断增加，出现了新的城市贫困阶层，人民群众对社会保障的要求越来越高。现有的社会保障体系覆盖面小，保障力度太弱，不能对城市弱势群体给予及时的救助和社会支持，在一定程度上影响了社会的稳定与和谐。四是城市居民自治能力不强。由于经济快速发展，生活压力加大，城市节奏加快，城市居民主动参与自治的意识和热情不高，虽然部分中老年人热心于居委会工作，但毕竟比例很小。加之长期以来社会管理的思路僵化，没能充分调动居民参与社会管理的积极性，社会管理仍缺乏规范和相应的机制保证，居民自治、自我管理、社会管理的成本过高。

第二节　城市人口管理

随着互联网技术的发展，城市人口管理将向着信息化与数字化的管理趋势发展。人口信息管理是指所有与人有关的信息，从狭义上讲，是指社会活动和社会管理所通用的有关人口身份、住址、亲属关系，以及人口数量、构成、变动、分布、质量等的信息，为城市人口管理提供及时、准确的统计数据和变动信息。本节主要包括城市人口管理的目标、机制及模式。

一、城市人口管理的目标

（一）人口总量与城市发展需求的匹配

合理的城市人口规模，可以发展地区经济，改善城市社会经济条件和综合环境。但不合理的城市人口规模，如大量农村人口涌入城市，超过了城市最适宜生存发展的人口数量，就会产生一系列城市无法承载的人口问题，加剧现有的环境问题，并加大城市治安的难度。因此城市人口总量必须与城市发展需求相匹配，这是城市人口管控的重要目标。

（二）人口总量与城市资源环境的匹配

城市人口增多虽积极推动了城市的社会经济发展，但也会给城市资源环境造成了巨大的压力，如水资源的环境承载力问题、城市土地的短缺问题、教育医疗福利等的双轨制问题，这些都体现出城市可持续发展的供需问题。进行城市人口总量的有机控制，将总量控制在城市资源环境预警承载力的范围内，可以调节城市化速度，调整城市资源结构，可以提高城市资源的利用率，促进城市的可持续发展。

（三）人口结构与城市公共服务的匹配

城市公共服务包括法律、教育、医疗、体育等服务，包括"从摇篮到坟墓"的城市各项公共服务政策。由于各地区资源差异大，经济发展不均衡，因此城市人口必须控制在一定的结构比例上，与所在城市类型、经济收入、财政实力、教育程度等相匹配，最大化地满足城市人口享有同等水平的基本公共服务。

（四）人口质量与城市竞争的匹配

人力资本和教育水平是城市竞争力的关键，直接影响着城市的发展机遇。有效的城市人口管理应在提高城市人口综合素质的同时，也促进城市发展规划的落地，并在与周边城市的协同中形成自己城市独特的核心竞争力。

二、城市人口管理的机制

（一）城市人口总量调控机制

建立和完善人口发展宏观调控体系，这是构建统筹解决人口问题的重要机制。将人口发展规划纳入国民经济和社会发展的总体规划，深入开展人口发展战略研究，制定有利于科学发展的人口宏观调控政策，统筹协调人口政策与经济社会政策的制定和实施，加快推进人口和信息化建设，完善人口发展动态监测、综合分析和预报预警制度。同时，可以加快形成政府主导、部门协同、群众参与、区域协作的综合治理人口问题的工作格局，进一步完善人口工作协调机制，健全部门协同机制和区域合作机制，加强对人口管理制度的统一协调，并能健全与统筹解决人口问题相适应的政绩评价体系，不断提升劳动者的综合素质。

（二）城市流动人口管理机制

对于城市流动人口的管理着力于建立、完善人口综合调控机制，着力于加强对流动人口管理的综合协调、综合研究和政策的综合配套，并以块为主、依托社区，对流动人口实行分类化、属地化管理。换言之，以社区为基础，强化外来人口的属地化管理机制，充分发挥"两级政府、三级管理、四级网络"等体制优势，将外来人口管理的责任主体明确为区（县）政府，具体落实到社区，将所有的外来人口都纳入居住证管理体制，统筹外来人口的各项管理工作，以形成长效管理机制。

（三）城市老龄人口管理机制

中国大城市已步入老龄化社会，如果不解决好人口老龄化问题，会成为经济社会发展的制约因素。在城市人口管理中，必须将实施健康老龄化战略纳入国民经济和社会发展中的长期规划，包括"老有所养、老有所医、老有所为、老有所学、老有所教、老有所乐"，这是促使经济社会可持续发展的重要内容，是解决好我国人口老龄化问题的主体思路。同时实行家庭养老和社会养老相结合的养老道路，建立以家庭养老为基础、社区养老服务网络为辅助、公共福利设施养老手段为补充、社会保险制度为保障的居家养老体系，把老年人自身、家庭、社会和国家作用有机地组合起来，使之发挥出最佳效用，促进健康老龄化，实现人人享有健康，老年人健康长寿的目标。

（四）城市人口普查预测机制

城市人口普查是一项重要的国情调查，对国家管理、制定各项方针政策具有重要的意义。人口预测为社会经济发展规划提供了重要信息，预测的结果可以指明经济发展中可能发生的问题，帮助制定正确的政策。人口普查和人口预测已构成城市人口管理的重要任务，有助于对老龄化问题、人口素质问题、出生性别比问题、就业问题等进行科学决策，有助于合理规划城市的人口增长政策，有助于构建覆盖全社会的社会保障制度。

（五）城市人口属地管理机制

以社区为平台的人口属地化管理有利于形成人口管理的协同合作机制。城市人口管理依托居委会和社区工作站成立社区管理服务中心，实行人口登记、统计、劳动保障等业务"一站式"受理，提供"一条龙"服务；依托出租屋管理队伍，整合公安、综合治理、统计等部门的暂住人口管理辅助资源，建立社区综合协管员队伍，承担暂住人口具体管理职能，由区、街道办事处人口办统一领导，业务上接受市、区人口管理职能部门的指导和监督；建立人口管理职能部门与市场监督、城管、规划、国土资源、建设等职能部门的合作沟通机制，定期或不定期地召开各职能部门参加的联席会议，掌握人口管理动态，及时研究和拟定人口管理的对策与措施，推进产业结构、城市空间结构和人口结构的联动调整，加强人口属地管理的成效。

（六）城市人口长效管控机制

城市人口管理是指对城市人口综合管理架构和网络的管理，市、区、街道办事处和社区形成四层人口管理机构，形成人口管理的四级网络，按照"统一领导、统一决策、统一政策、统一协调"的模式，建立适合我国国情需要的长效人口管理机制。城市人口办负责拟定人口管理政策，指导和协调人口管理各职能部门开展工作。区、街道办事处设立人口工作领导小组，与区、街道办事处出租屋综合管理机构合署办公，执行市人口管理决策，组织、协调和检查人口管理的有关工作。社区承担人口管理的具体事项。

三、城市人口管理的模式

（一）本地外来人口分类管控模式

对于城市本地人口的户政管理，户政管理机构主要进行户口管理工作，分为户口登记、人口卡片、居民身份证管理和人口统计这四项内容。对于城市外来人口的户政管理是指对非城市常住户口而暂住或滞留在城市的人口的管理。城市外来人口可分为正常流动人口和非正常流动人口两大类。正常流动人口包括探亲访友、旅游、求学、公务、劳务等类型的外地人员；非正常流动人口则包括盲目流入城市的无业游民、乞丐、流窜作案的犯罪分子和逃避通缉的罪犯等。对城市流动人口实行综合管理，主要是限制流入量与居住时间、依法管理流动人口、分类分片人口管理、把流动人口纳入城市规划管理轨道这四方面的内容。

（二）常住人口和暂住人口差别管控模式

在城市人口管理中，将城市常住人口和暂住人口进行差别管控，有利于控制城市人口的容积率，有利于保障城市居民的多项社会福利。对城市常住人口的管理按照户籍政策进行相应的制度性、福利性管理。而城市人口管理的管理重点是暂住人口和流动人口，对暂住人口主要实施暂住人口证件管理制度，推行出租屋租赁合同登记、治安、安监等综合管理责任制度，强化出租屋暂住人口登记和管理制度。在将所有出租屋纳入管理范围的基础上，按照分类指导原则，采取各有侧重的管理手段和措施，将居住于工厂宿舍、建筑工棚、自购屋等各类住所的人员全部纳入登记和管理范围。对城市暂住人口的管理，实行社区、警区、安全文明小区联动，警员、社区综合协管员、物业管理员联合作业的模式，并根据各社区实际，推广完善旅业式、围合式、公寓式等形式多样的管理方法，既可以掌握社区内暂住人口异动的情况，也有利于提高治安防范和管理水平。

（三）条块结合人口区域管控模式

我国的城市人口管理过程是将人口发展与人口调控相结合，建立和完善与城市人口发展战略相适应的人口管理模式和调控手段，遏制人口规模过快膨胀，并寓管理于服务之中，以服务体现管理，创造便民利民和安居乐业的环境，保持城市人才竞争力，理顺区域人口管理关系，推行条块结合、以块为主的管理体制。这样可以明确区政府、街道办事处为暂住人口管理的责任主体，合理划分市职能部门、区政府及街道办事处在人口管理中的职责和权限，实现人口管理的各职能部门的管理重心、管理权限、管理队伍和管理经费向区、街道办事处下移，实现区域和街道办事处人口管理的责、权、利的统一，保证人口管理机构的正常运转。

第三节　城市社区管理

就社区建设而言，社区是指聚居在一定地域范围内的人们所组成的社会生活共同体，而且目前城市社区的范围一般是经过社区改革后做了规模调整的居民委员会的辖区。社区管理模式是指为了达到社区管理的目的而采取的各种管理体制、机制、手段、方法的组织架构和运行方式。本节根据目前社区管理的现状，按照社区管理活动的主体差异标准，将社区管理模式分为政府导向型、市场导向型、社会导向型3种类型。

一、城市社区与城市社区管理

（一）城市社区的含义及特点

城市社区是指由生活在一定地域范围内，且大多数有劳动能力的人都从事工商业或其他非农产业的一定规模的人口所形成的一种社会生活共同体。聚集到一定规模的人口是城市社区形成的一个必要条件，而工商业及其他非农产业则是城市社区居民从事的主要经济活动。由于一定数量的人口长期生活在某一区域内，他们之间形成了某些共同的利益、共同的要求，并有一定的行为规范和生活方式，从而也就形成了一个相对独立的社区。

城市社区可以根据社区的规模不同，分为大型社区、中型社区、小型社区、微型社区等；根据社区的功能不同，可以分为工业社区、生活社区、商业社区、宗教社区、文化社区和综合性社区等；根据社区的区位不同，可以分为中心社区、边缘社区等；根据社区的形态不同，可以分为高级住宅区、一般住宅区、贫民区等。

城市社区具有以下特点。

1. 人口高度集中

2023 年，全国人口密度达到 146.8 人／平方千米，但是部分城市的人口密度远超这个数字，例如，同期深圳市人口密度推算达到 8908 人／平方千米，上海市为 3923 人／平方千米，广州市为 2531 人／平方千米，北京市为 1332 人／平方千米，高密度、大规模的人口集中，使人类群体个性特征也在发生变化。如人口聚集地每人与他人的交往人数就会增多，而交往人数的增加，势必引起人口质量的提高。

2. 居民以从事非农产业为主

城市社区既是政治、文化中心，也是经济中心，居民经济活动主要以工商业和其他非农产业作为主要职业和谋生的手段。

3. 社区成员异质化

异质化是不同个体、不同群体之间存在的差异性。如职业上的异质化是由就业结构的多样化造成；经济上的异质化是由职业收入差异造成；个性异质化是由成员来自不同的地域造成等。异质化的城市居民的相互交往渗透造就了多元的文化，也形成了城市人口见多识广的特征。

4. 生活方式多样化

城市社区居民的生活方式多姿多彩，不但生活节奏较快，而且生活内容非常丰富，如城市居民接受新思想、新观念的途径多、传播快；在职业、收入、教育水平、文化背景上差异大；各类物质消费、服务和文化娱乐的机构设施比较齐全。

5. 人际关系业缘化

现代社会劳动分工越来越细，各专业之间的相互依赖性越来越强，人际关系主要体现为业缘关系。主要原因有：①城市生活节奏快，竞争压力大，业余时间需要不断充实自己，所以人际交往的时间减少。②人际交往过程中，比较重法理，轻视感情，给人一种表面热情、实际冷漠的印象。③领导要求下属遵循规章而不讲面子，下属只相信职务不相信个人。④住宅条件由原来的平房大杂院转向高楼林立的独门独户格局，这种独立的居住环境、独立的经济利益、独立的生活空间，使得居民之间的关心互动减少。

6. 居民管理组织化

社区居民从事的活动多种多样，各种管理任务重，需要组织来推进。在组织的类型中，既有正式的、非正式的组织，也有经济、政治、社会、文化组织等专业化。可见，组织的形式也呈现多样性。

（二）城市社区管理

城市社区管理是指在政府及其职能部门的指导和帮助下，动员和依靠社区各方面的力量，对社区内的各项公共事务和公益事业进行规划、组织、指挥、控制和协调的过程。

传统的社区行政管理主要由执政党和政府直接管理，以行政方式为主，管理内容随上级政府的工作目标而转移。社区公共管理与传统的社区行政管理不同主要体现在以下几个方面：一是管理主体多元化，除基层政府（市、区政府和街道办事处）、居委会以外，还有事业职能部门及其向社区延伸的机构、社区自治组织、社区内志愿者组织及居民等管理主体；二是管理主体就是社区管理的对象，能够动员社区各个主体及其拥有的资源，参与自我服务和自我管理，满足社区居民需要的目标；三是在社区管理的机制方面，除了基层政府的行政管理外，还涉及市场机制等。具体而言，城市社区管理主要有以下内容。

1. 社区组织及行政管理

这主要是指社区本身的组织机构建设、组织目标及其工作职责、工作内容、绩效评价等。比如，组织和指导居民选举工作和建立居委会，组织建立社区性职能或事务机构，推动社区自我服务和自我管理。社区行政机关及事务机构一般代表居民与外部其他社区组织及政府机关进行社会文化等联系，从事社会统计、户籍管理及人口普查、征兵、绿化环境、爱国卫生等事务工作。

2. 社区党建管理

这是社区公共管理的重要内容和社区组织的管理机制。在社区管理中，党的基层组织具有领导地位，通过其组织建设，可以发挥基层党员在社区建设和社区管理中的模范带头作用。依靠执政党基层组织的领导作用，可以增强社区组织决策的科学性，提高社区建设和社区管理的有效性。

3. 社区治安管理

在社区治安管理中，主要采取社区性方法和居民参与方式实行社区控制和治安管理，一般是依托社区居民的认同感和归属感，通过社区习俗、民规民约等手段调解各种民间纠纷；组织居民开展防火、防盗、巡防等安全工作，保证生产和生活秩序的安全稳定。通过治安管理机构和社区治安综合治理制度，对社区居民进行自我约束，维护社区秩序。

4. 社区服务及互助管理

依托社区居民广泛参与、互助合作的行为模式，建立健全社区社会化互助体系及其网络，广泛开展社区服务：一是开展便民利民服务、社区福利服务；二是开展公益事业，比如兴办学校，进行医疗合作，推进文化教育、体育、娱乐事业，矜孤恤寡，优抚烈军属，扶贫济困等。

5. 社区文化教育管理

这里的文化特指社区内的各种群众性文体活动及居民健身活动，以及相关的道德建设、文化建设、社区教育活动等。社区文化管理就是对文化娱乐设施进行规划和建设，并组织社区居民开展各类文体活动，为居民提供丰富的物质文化和积极向上的精神文化，促进居民自我教育、自我发展。包括维护和改善教育设施，建立教育机构和培训中心，对居民进行爱国主义、集体主义教育，开展政治、思想及精神文明教育和公共道德教育，弘扬社会主义核心价值观，并向居民宣传国家政策、法律、制度等，提倡科学，反对迷信，开展移风易俗活动等。

6. 社区环境及公共管理

这主要指依托社区集体经济实力，提供公共物品和社区服务，并开展公共环境、公共绿地、道路交通、建筑及住宅、用水及能源的供应、防汛抗旱设施等方面的维护管理。其管理工作是搞好社区环境建设规划，发动居民积极参与环境建设，并通过社区环境保护守则来加强自律和监管。

二、城市社区管理模式

（一）城市社区管理模式的类型

1. 政府导向型管理模式

这种管理模式是以政府为核心，在现阶段主要是以市县（区）人民政府下派的街道办事处为主体，在居委会、中介组织、社会团体等各种社区主体的共同参与配合下，对社区的公共事务进行管理，其实质是为强化基层政府的行政职能，通过对政治、社会资源的控制实现自上而下的资源整合，以构建"新政府新社区"。这种模式的优点在于凭借坚实的政治、经济资源，通过条块结合、以块为主的行政管理网络在社区建设中发挥主导作用，如现阶段北京、上海、石家庄等城市所采取的便是这一模式。这一模式的缺点在于，有"全能政府"社区"单位化"之嫌，抑制了民间的活力，从而降低了政府的管理效率，增加了政府的财政负担，造成政府机构再度膨胀的趋势。从长期来看，对一些经济基础相对较弱的城市而言，可能会产生一定的不利影响。

2. 市场导向型管理模式

自 1981 年 3 月，全国第一家物业管理公司——深圳市物业管理公司成立至今，物业管理行业在中国从无到有，并迅速成长壮大起来。虽然这一管理模式还不够成熟，其结构体制和运行机制还存在许多不完善的地方，但从目前的发展态势来看，它已经成为城市社区居民日常生活中的一种重要依托。其优点是社区的建设和管理由于引入了市场竞争机制因而表现出了一定的生命力。缺点是由于当前物业管理的不规范，很多问题亟待改善。此外，这种市场化运作的管理模式毕竟不能覆盖小区中的社会管理和行政管理的所有事项，还不能说是一种完全意义上的社区管理。

3. 社会导向型管理模式

这一管理模式可称为社区居民自治模式，主要是指以社区居民为核心，联合社区内各种社会组织、机构，共同参与社区事务的管理，实行真正的民主自治管理的一种模式。这种模式以沈阳市社区体制创新——自治性模式为代表。其优点是能够调动社区内居民广泛参与社区事务的积极性，使社区居民真正成为社区的主人，管理自己的事务，有利于社区居民对社区的认同感、归属感的形成，有利于形成良好的社会风尚。当前，我国居民自治的发展面临着一系列的困境，这些困境主要表现在两个方面，即居民的自身条件不够成熟和社区自治的环境不够完善。

（二）城市社区管理模式存在的问题

近年来，全国各地先后对城市社区管理体制和管理方式进行了有益的探索，取得了明显的成效。但从社区管理的现状和客观需要来看，还存在着不少的矛盾和问题，主要表现在以下几个方面。

1. 政府主导力度过大

政府作为社会管理的责任者，拥有对社区的管理权。也就是已成形的"两级政府、三级管理"的社区管理体制。所谓两级政府是指市级政府、县（区）级政府。街道办事处是县（区）级政府的派出机构，内含于"两级政府"之中，它既是政府各项政策的具体执行者，又是调节社区政治、经济、文化等活动的中枢。三级管理是指市级政府、区级政府、街道办事处三者自上而下的管理模式。街道办事处管理着居委会，并通过它来处理大部分具体的社区事务。1982年，我国《宪法》中首次明确指出居委会作为基层群众自治组织，可管理本居住地区的公共事务、公益事业、调解民间纠纷、协助社会治安，并向政府反映民众的意见、要求和提出意见等。但除了这种政治性的社区组织之外，几乎还未形成其他成熟的社会组织。因此社区管理的类型单一，政府主导力度过大。再加上社区管理的思想观念陈旧。尽管改革开放和经济建设取得了巨大成就，社区功能大大增强，但一些干部，特别是某些部门的领导干部，仍然习惯于计划经济下传统的管理方式，进行"一竿子插到底"的直接管理。这种思想观念影响和制约着社区管理的发展。政府在社区管理中一直承担着"全能型"的角色，对社区的各种事务进行从始至终的全面管理，导致社区的管理直接由政府指挥，社区的日常工作基本上都是完成上级政府交给的任务，对居民的需求回应度不高。

2. 社区自治管理缺乏有效的协调机制、制度保障

街道、居委会是我国城市社区管理的基层组织。从目前城市社区管理工作的客观需求来看，尽管这类基层组织继续发挥着十分重要的管理功能，但确实存在着一些问题，概括起来说，主要有以下几个方面。

人口流动快、管理难度大，主要是街道、居委会体制没有变化，在城市社区人口激增和流动的情况下，与相当多的居民失去联系。在 20 世纪 80 年代，大中城市一般街道规模有 1 万人左右，居委会规模为 100 ～ 600 户，其组织参照公安户籍段的管辖区域设立。随着改革开放的发展和城市规模的扩大，目前，大中城市街道的平均规模已达 3 万～ 4 万人，居委会的平均户数约 1000 户。由于新居民区的大量兴建，出现了城市居民的市内大流动，因而出现了城市内的户籍与居住地脱离的现象。同时，由于城市的发展，城市区划调整，因城镇化失地的农民转为城市居民，城市社区中农居混杂的现象日益增多，开始出现街道、居委会管理不到位的现象。

基层政府与社区居委会的职责边界存在交叉现象。主要是街道居委会与市、区政府的各个部门之间职责交叉，城市基层社区组织出现"看得见的管不着，管得着的看不见"的情况，街道、居委会没有执法的职能，但要管理城市的基本生活秩序，各个执行部门有权执法却又没有力量直接深入基层，结果条块之间推诿扯皮的现象经常出现。

居委会负担过重。随着我国经济和社会的迅速发展，城市社区管理问题越来越多。比如"如何协调政府、社区与社会的关系"就是其中之一。基层政府下放到社区的行政工作多是居委会工作繁重的重要原因。为此，中央提出"实行政府权责清单制度，厘清政府和市场、政府和社会关系"。既要发挥基层政府"主导作用"，又要注重发挥基层群众自治组织的"基础作用"，为居委会减负增效。

3. 自治组织的作用发挥不足

社区组织力量比较薄弱，其机构设置、人员配备、经费来源、基本设施、社会化运作能力与所承担的职责任务不适应。作为社区管理的执行主体——街道办事处，是人民政府的基层组织，为本辖区人民群众服务是义不容辞的责任，理应发挥"上为国家分忧，下为人民解忧"的作用，但街道只能行使部分政府职能，在城市管理、经济建设、社会保障等诸多方面不能实行责、权、利相统一，进而造成执法的政出多头、相互配合不够和整体工作成效不高的现状。同时居委会还缺少文化层次高、懂得现代社区管理、熟悉市场经济条件下的基层政权运作与广大居民之间互动规律的干部，这在很大程度上制约着社区管理和服务作用的发挥。需要指出的是，居委会作为自治组织，其性质、工作宗旨、工作职能等定位不清，限制了其服务社区的作用发挥。

4. 民主参与意识薄弱

"增强社区居民参与能力"是不断提升社区治理水平的首要能力。社区治理需要多主体共同参与。但是许多居民仍把社区管理工作看作是街道办事处和居委会的事，没有把自己看作是社区管理的主体，对社区的管理工作不关心甚至不配合，对社区内的社会

活动、经济活动、文化活动和政治活动参与兴致不高，对居委会的选举不关心，使得社区管理工作要全面、深入展开的困难较大。

第四节　城市社会管理案例

案例：杭州城市治理展现美好风貌

2016 年 G20 峰会在中国杭州召开，峰会主题确定为"构建创新、活力、联动、包容的世界经济"。为确保 G20 峰会顺利举行，浙江省政府、杭州市政府出台了一系列文件、采取了一系列措施进行城市社会管理。如根据《杭州市人民政府关于对烟花爆竹安全管理采取临时性行政措施的决定》规定，杭州 13 个区（县、市），任何单位和个人不得运输、燃放烟花爆竹；根据《杭州市人民政府关于加强留宿场所安全管理的决定》对本市行政区域范围内的留宿场所采取安全管理措施，包括从业人员的信息要登记报备、入住人员和访客要按照"实名、实数、实时、实情"的要求登记入住人员和访客的信息，寄存物品需开包检查，遇到通缉犯、违禁品立即报警等规定；根据《杭州市人民政府关于开展走访调查工作的通告》，在本市行政区域范围内，根据安保任务需要视情开展走访调查；为确保与会各国代表团顺利抵达和离杭返程，尽量减少对全市交通和市民出行的影响，经国务院和省政府批准，杭州市政府办公厅制定并发布了 G20 峰会期间杭州市各企事业单位调休放假安排。通过一系列政策措施，杭州市城市治理取得了丰硕成果，G20 峰会期间展现了中国城市的美好形象，更为打造"美丽杭州"、建设"两美"浙江省示范区奠定了坚实的基础。

图 7-1　杭州钱塘江夜景

复习思考题

1. 城市人口管理主要包括哪些内容?
2. 试论城市人口管理的机制和模式。
3. 简述城市人口管理的发展方向。
4. 简述城市社区的定义。
5. 简述城市社区管理的内容和意义。
6. 城市社区管理的基本方式是什么?

第八章

城市公共服务管理

第一节 公共服务

公共服务在复杂的城市系统中发挥着强化归属感、激发培育集体创意力量、集聚高端人才等作用，是衡量城市服务品质与竞争力的重要因素。回归人本主义发展观，以公共服务引领城市发展已成为世界城市的发展共识。本节介绍公共服务的含义与特点，以及公共服务供给的价值诉求。

一、公共服务的含义

公共服务是由政府主导提供的，旨在保障公民生存和发展普遍需求的服务项目。从这一理解来看，公共服务是政府承担的一项重要职能，但并不涵盖政府职能的所有方面。公共服务具有公共性、开放性、可选择性、正外部性等特征。

建设服务型政府，必须区分政府职能的不同属性，在维护社会稳定和秩序的同时，着力强化公共服务供给，更好地满足公民日益增长的公共需求，维护和促进社会公平正义。如果将公共服务笼统地理解为公共行政，不仅无法评价政府的公共服务绩效，也难以实施行政问责。当前，我国政府的基本职能定位是"经济调节、市场监管、社会管理和公共服务"。中央要求各级政府要全面履行职能，在继续加强经济调节和市场监管的同时，更加注重履行社会管理和公共服务职能。这凸显了政府直接为民服务的基本责任，也为建设服务型政府指明了方向。

二、公共服务的特点

（一）公共服务是政府承担的重要职能之一

任何政府都要承担政治统治、行政管理和公共服务的职能。此外，政府还承担经济和社会发展的任务。不论是从历史和现实的视角，还是从未来的发展趋势来讲，公共服务都不构成政府职能的全部内容。公民根据个人情况，可以选择接受公共服务，也可以拒绝政府提供的直接服务。

（二）公共服务用于直接满足社会成员的共性需求

社会成员的需求包括共性需求和个性需求两个方面。共性需求是社会成员共同的生存和发展需求，是社会正常运行不可或缺的基本必需品；个性需求是具有个人满足属性的需求，它具有享受和投资属性。公共服务主要用于满足社会成员的共性需求。

（三）公共服务具有公共产品性质

公共产品具有消费的非竞争性和受益的非排他性，它生产出来以后，一般不能阻止"搭便车"的行为。公共产品既包括有形的物质产品，也包括无形的服务类项目。公共产品的属性及供给机制也适用于公共服务分析。

（四）公共服务供给需要使用公共资源

社会成员的共性需求可通过不同的供给途径予以满足。如果一种服务的供给没有使用公共资源，它就属于市场化服务或社会服务，如私立学校、商业服务、俱乐部服务；如果一种服务的供给运用了公共资源就属于公共服务，如公立学校、公共住房、城市公园等。

三、公共服务供给的价值诉求

城市政府的基本职责是提供公共产品和公共服务。公共服务供给的价值诉求主要有：效率（efficiency）。这是指公共服务的投入与产出之比。即在提供某项公共服务时，取得的成绩与所投入时间、精力、财政支出等的比值。在财政和资源投入既定的前提下，效率追求公共服务产出最大化。效率是一个过程导向的概念，评估的是投入如何转化为产出；它与目标的实现程度无关，与市民对服务的满意度也无关。测量公共服务效率的指标主要有投入人员、资金、资源、时间、工作量等。效果（effectiveness）。这是指公共服务投入所产生的后果。效果是以结果为导向的，关注实现预期目标的程度。效果与投入的成本或使用的资源无关。衡量公共服务效果的指标主要有市民满意度、市民参与水平等，它常通过抽样调查、互联网在线调查、热线电话投诉量等方式来进行评估。公平（equity）。这涉及机会平等、税负公平、结果平等等维度。其中，机会平等是指所有市民都接受相同水平的公共服务；税负公平是指市民接受的服务应当与其所缴纳的税收成比例；结果平等是指政府分配公共服务资源时，应给予最低收入者额外的关注，使人们大体处于相同的境况。回应性（responsiveness）。这是指城市政府提供公共服务符合市民要求和预期目标的能力，它反映了市民偏好和需求得到满足的程度。有研究表明，城市政府对不同公共服务项目的回应存在较大差异。一般而言，政府对消防、犯罪、治安、道路塌陷的回应，要快于对改进城市规划、基础教育、道路清扫、垃圾收集等需求的回应。

第二节　城市公共服务管理

相对于"全国性公共服务"和"农村公共服务"而言，"城市公共服务"首先也是一种区域性公共服务，其受益范围也主要是城市所辖的行政区域，城市公共服务有着属于公共服务的一般属性和特征。同时，中国的城市作为一级地方政府存在，城市公共服务也属于地方政府公共服务，会因城市自身的特点而呈现其显著的特殊性。因此，本节主要介绍城市公共服务的概念、社会属性及分类。

一、城市公共服务的概念

中国的城市公共服务供给是一个立体结构，城市公共服务供给起码要解决这两大方面的问题：一是在我国中央集权与政府行政层级授权的模式下，城市作为一级地方政府要根据事权与支出责任划分完成与上级政府及其下辖的政府层级间的公共服务供给职责分工，通过政府层级间公共服务供给职责的合理分工和主体责任划分，实现城市公共服务供给的内容界定，即"城市究竟应该提供哪些方面的服务"；这是城市公共服务分类供给的首要前提和基础。二是在城市公共服务的具体供给方式选择和实践运行中，城市政府作为公共服务供给的一方主体，要通过制度构建明确各主体在各类公共服务供给中的角色定位，完成政府与其他主体间的分工与协同合作，实现政府主体自上而下的主动作为和其他主体自下而上的全面有序参与，多方合作，整合多方资源，实现公共服务有效供给，即"不同种类的城市公共服务究竟应该通过什么样的方式实现有效供给"。这两大问题是关系到城市公共服务分类供给和实现有效供给的核心问题。

二、城市公共服务的社会属性

（一）需求的多元性和供给的异质性

公共服务的多元性和异质性是随着城市经济社会快速发展、物质财富丰富、民众生活水平提升和消费能力增强而顺势出现的。城市公共服务需求的多元性主要体现在，相对于全国性公共服务和农村公共服务而言，城市社会结构、利益分配格局和需求结构的多样化导致城市公共服务需求的多样化；城市作为生产力和科技进步的重要发源地，为降低公共服务生产成本和排他成本，提高公共服务生产技能提供了便利，资源的大量聚集又为市场和社会资本介入公共产品和服务提供了更为广阔的空间。此外，城市相对宽松、灵活的管理制度和创新能力都使得城市公共服务市场化、社会化程度比较高，多样化需求和多元供给成为现实。这一点可以从近些年来城市公共服务消费需求的种类、政府公共服务投资、地方政府公共服务建设力度等多重需求来体现。公共服务需求的多元性也带来了公共服务供给的差异性，即使是在同一类公共服务内部，也出现了差异化的供给。比如在城市公共交通服务领域，传统公交系统已经发展出公交车、地铁、磁悬浮列车、轻轨列车、出租车等多种形式。此外，随着服务需求的多样化和公共产品生产主体的增多，在21世纪又出现了"公共自行车""网约车""共享单车"等新的服务生产方式和服务产业。同样，在医疗和教育服务领域，除了政府直接提供生产的公立医疗、教育服务外，还分化出了大量的适用于各类群体需求的私立医院、私立学校等特殊需求和层次的公共服务。与此相适应，因公共服务种类和异质性需求增加而产生的服务项目支出也随之增加。

（二）区域差异性

城市公共服务的区域差异性主要通过城市公共服务供给实践的操作层面来呈现，而这也恰恰最能反映城市公共服务的本质社会属性。从人文地理层面来说，城市公共服务供给的差异性主要体现为因城市所在区域和发展水平不同而带来的差异。不同城市因发展水平、居民偏好、地理环境（如北方城市对冬季供暖的公共服务需求、南方沿海城市夏季对台风的预防和治理需求等）和文化风俗的影响，其城市居民和社会公共需求有着显著的差异，进而导致公共服务的需求种类和供给质量也有着显著的不同。从制度层面来讲，城市因其承载的制度设计和制度功能所造成的公共服务供给差异性，是公共服务"城乡差异"和"区域差异"的根本所在。虽然城市的某些公共服务供给如公园、路灯、公路、公共基础设施和其他一些公共服务具有很强的正外部性，能够外溢给城市辖区之外的消费者（如城市外来人口）；城市的开放性又使得这些外溢性从辖区内扩展到区域外，形成"免费便车"，吸引着大量的人力、物力等资源涌向城市。但受城市的行政辖区、管理制度和承载能力所限，城市的一些关键制度性和保障性公共服务对城市辖区内的受益对象来说是公共物品，但对城市辖区之外的消费者来说，就可能是私人物品。因此，城市公共服务是典型的区域俱乐部公共物品。

（三）受益范围限定性

在美国学者弗雷德·E.弗尔德瓦里看来，大部分的城市市政服务都是由政府提供的，市政服务都是区域性的，并且和拥挤性物品的使用之间有着紧密的内在联系。这种情况在中国城市公共服务供给中也同样存在。作为一种区域性公共服务，一方面，城市公共服务对区域外的消费者来说，它是私人物品；另一方面，对区域内的消费者来说，城市公共服务也具有显著的受益范围的限定性，即公共服务的"拥挤效益"。受城市政府服务能力的限制，城市公共服务供给也同样存在"拥挤点"（边际效益的临界点）：在城市辖区内，当该公共服务消费者的数目增加到该临界点之前，每增加一个消费者的边际成本是零，即经济学上的"帕累托改进"；当消费数量达到该临界点之后，每增加一个消费者，公共服务的边际成本就会上升，即"帕累托最优"。长期以来城市公共服务供给中的拥挤效益已经成为用来计算城市人口增长规模与公共服务供给的有效工具，包括人口密度对义务教育、高等教育、高速公路的需求程度，特别是这些资源的需求程度及该资源在人口增加过程中的拥挤效益。

在中国，城市公共服务供给的"拥挤性"受制度影响非常明显。受户籍制度、财政制度和辖区管理制度的制约，一些具有一定排他性的公共服务如义务教育、公共医疗的受益范围被限制在固定的区、街道乃至社区，导致"学区房"、医疗成为罕见的高价产品。与此相对应，公共服务管理也有着显著的辖区限制。以城市道路的路灯服务为例，城市的同一条道路因为所属行政辖区不同而致使"同一条道路的路灯照明时间不同"现象普遍存在。此外，由于城市规模存在差异，城市公共服务供给的受益范围限定性也有显著的差异，相对来说，大规模城市的受益范围限定性比中小城市的限定性要显著，城市随着人口规模的增加拥挤度也会显著增加。

三、城市公共服务的分类

作为一种区域性公共服务，城市公共服务的受益范围主要是城市所辖的行政区域。从城市公共服务的功能属性出发，在基本公共服务和一般性公共服务的大框架下，将城市公共服务细分为如下几大类型。

（一）以维护城市公共秩序为主要特征的政务类基本公共服务

从政府职能上看，政务类基本公共服务又可以称为政权性公共服务。这既与城市的社会秩序稳定和经济发展密切相关，也与城市作为一级行政单位有关。与西方国家的城市仅仅是"自治市"并主要履行经济和社会发展职能有着明显不同的是，中国的城市首先是一个区域性政治中心，城市的行政级别和行政辖区就决定了城市首先是作为一级地方政府存在，城市政府作为国家意志的体现和中央政权在地方的延伸，其行政性或政务性服务就成为城市公共服务供给的重要内容，这也是城市存在和发展的重要前提。现在来看，政务类公共服务主要包括：城市社会治安管理和社会秩序维护、环境保护、行政司法建设等体现政府本质作用的管理和服务。针对整个城市政府而言，政务类服务既是城市政府的重要职责，又是没有显著差异性的基础性公共服务。从民众的感知而言，主要包括法律法规的运行、行政权力的规范执行、警察和社会综合执法等社会规章制度的维护、环境保护、基本人权维护等制度化供给的"纯公共服务"。

（二）以保障民生为目的的民生类基本公共服务

民生性基本公共服务主要发生在民生领域，与民众的生存和生活等基本权利直接相关，既是民众个人生存和生活需要，又是一种满足公共需求的公共服务。相对于政务类公共服务而言，民生类基本公共服务是主要由城市政府提供的，具有公共性、全民性，旨在保障民生基本权益，但由于受城市管辖范围和地域范围所限，民生类基本公共服务的受益范围也主要是城市辖区的民众，拥有"本地户籍"的民众才能够享受该类公共服务，因此，城市的民生类基本公共服务具有典型的地方性受益特征。虽然在基本公共服务均等化的战略中，城市的民生类基本公共服务也在逐渐向非城市户籍人员开放，而且在公共服务市场化的驱使下，一些基本公共服务，如义务教育、医疗卫生等也已经出现了多元化供给的现象。但整体来说，城市的民生类基本公共服务依然是地方性受益特征明显的公共服务。

（三）以市政公共行业为主要内容的城市公用事业类服务

公用事业领域内的服务主要是涉及城市公共资源配置、城市公共基础设施和城市发展的经济性公共服务，包括了基础建设、公共交通、公共电力、通信、自来水供应、污水处理、垃圾处理等通常所说的"市政公共服务行业"。这类公共服务类似于公共物品中的"准公共物品"，同样与民生、社会发展息息相关，但是与民生类基本公共服务相比，却具有显著的规模经济效益、经营性和自然垄断性特征，在获得和享用方面更多地体现为个人购买和直接付费的特征。从供给主体和供给机制来说，虽然政府仍然是这类公共服务的主要提供者，但伴随着科技进步和生产能力水平的提升，也已经出现了多元主体供给的特征，通常所说的"公共服务市场化供给"也主要适用在这一领域。相对于前述两大类公共服务，这部分公共服务供给的差异性和可供选择性空间要广泛得多，因此也要复杂得多。在公共服务供给主体多元化发展趋势中，公共事业类服务的供给主体从传统的政府、政府所属企业和事业单位越来越转向民营化经营和公私合作经营，市场主体的参与度越来越高，供给机制也越来越多样化，而且越是发达的城市和地区越是如此。

（四）以社会救助、自助服务为特征的社会事业类服务

虽然城市作为一级地方政府存在，但城市社会领域，特别是公益慈善和社区自助服务等仍然是城市公共服务供给的重中之重。随着国家治理体系和治理能力现代化战略目标的实施，社会事业类服务特别是城市社区的公益类公共服务，已经成为政府职能社会化的重要组成部分。相对于上述3类公共服务而言，社会公益类服务是政府职能向社会组织转移、社会组织承接并协同政府共同供给的服务，也是各种非营利性社会组织、社区社会组织、慈善机构发挥作用比较明显的领域，大多以志愿性、公益性的形态出现，其受益人群主要是相对弱势的群体，供给的领域也多在城市的社区和家庭。因此，这类服务的供给离不开政府的扶持，同时也呈现出明显的公益性、志愿性和一部分自治性特征，公众参与的程度也比较高，未来的发展方向是自助服务和自治性服务供给。

城市公共服务的分类概览如表8-1所示。

表 8-1　城市公共服务的分类概览

服务类型	政务类基本公共服务	民生类基本公共服务	城市公用事业类服务	社会事业类服务
分类标准和特征	公共性、全民性、保障基本权益	全民性、民生性、基本保障性	规模经济、自然垄断、可购买性	公益性、志愿性、非营利性
供给主体	政府及政府职能部门	政府、企业、社会组织	政府、企业	政府、社区自治组织、社会组织、企业、个人
供给机制	政府层级分工与生产	政府供给、政府购买、政社合作	政府投资生产、企业生产、公私合营	志愿提供、自治性生产、承接政府购买
包含内容	审批服务、社会稳定维护、行政执法、环境保护、科学技术、信息发布等	义务教育、医疗卫生、就业保障、社会保障、文体休闲等	基础公共设施、公共交通、供电、通信、供水、天然气、垃圾处理等	环境保护、义务教育、医疗、居家养老、邻里互助、公益慈善等

第三节　完善公共服务管理的路径

习近平总书记关于加强社会公共服务体系建设、保障和改善民生的重要论述，是指导民生建设的思想武器、根本遵循和行动指南。随着居民公共服务需求的增长，有限的不平衡的公共服务供给成为人民美好生活的现实制约。为此，需要促进基本公共服务实现均等化，同时多措并举发展非基本公共服务，加强公共服务治理制度体系建设，实现公共服务治理技术现代化。本节主要从制度保障建设、财政制度、监管路径3个方面，讨论完善公共服务管理的路径。

一、公共服务的制度保障建设

近些年来，随着公共服务多元主体供给格局的逐渐形成，关于公共服务供给体系的法律制度建设，特别是如何以法定形式界定政府与市场、社会主体间的职责定位，合理处理好各主体间的关系；如何在法治基础上明确政府的权力清单、负面清单和企业责任清单，构建与多元主体相适应的公共服务供给法律框架，成为保障公共服务有效供给的重要内容。

首先，以公共利益和公共服务有效供给为导向，通过公共服务市场化法律规范建设，完成政府与市场、社会在公共服务供给中的"职权法定"。在多元主体参与公共服务供给过程中，法律法规的制度性规定是保障公共服务市场化、社会化规范运行的前提和重要基础。近几年来，在党和国家政策的指导下，各省市政府通过"权力清单"制度改革和深化"放管服"改革，减少行政审批和行政干预，逐步规范和明晰政府与市场的职责边界；同时，通过职权下放和管理重心下移，承担起越来越多的社会管理和公共服务职责。但由于缺少法律法规授权，事业单位改革和社会组织发展进度相对缓慢，"政事不分"和"政社不分"现象依然十分严重，阻碍着政府职能的社会化转移和社会组织等服务机构的有效承接。因此，通过出台专门的市场化法律法规制度，明确政府、市场和社会主体在公共服务供给中的职责定位，做到"职权法定"就显得异常重要。如同政府间"事权与支出责任相一致"，在公共服务供给多元主体参与和分类供给模式下，政府与市场、社会三者的职责边界也应该有明确的法律制度约束。在公共服务市场化法律规范建设方面，英国早在18世纪就通过制定《公路总法案》将公路收费制度严格限定在法律框架内。同样，在21世纪初公私合作伙伴关系模式出现后，又通过《公共合同法》《公共设施合同法》《公共采购法》将其纳入规制范围。在这方面，我国虽然出台了许多具有一定法律意义的"指导意见"和"管理办法"等政策文件，但真正意义上的法律法规制度建设还基本上处于空缺状态。因此，需加快制定《政府购买公共服务法》《公私合同法》等规范性的法律制度，同时改革完善《行政法》，合理界定和明晰各主体在公共服务供给中的角色安排、责任承担和权利义务边界，为多元主体合理分工与协同合作营造规范的法治化环境，并搭建起有效的法律运行框架。

其次，制定和完善相应的法律法规实施细则，为多主体分工合作公共服务供给的规范性操作提供法制保障。公共服务供给是一项政策性、实践性和操作性都很强的系统工程，与公共服务多主体供给格局相比，中国的法律制度建设明显相对抽象，使得公共服务多主体分工与合作供给缺乏有效的可操作、可借鉴的规则。因此，在加快制定《政府购买公共服务》等法律法规的基础上，还应思考和制定相关法律的解释性文件，为多元主体供给公共服务提供操作性规范。以政府购买公共服务为例，在加快出台《政府购买公共服务法》的基础上，还应该加快制定和实施诸如《政府购买公共服务法实施条例》或《政府采购法实施细则》，对政府具体购买公共服务的范围、服务生产者的资质确认、购买公共服务方式及购买公共服务的经费支出、监督等内容都要有规范的可操作性规程设定，保障公共服务供给依法可依和依规施行。

二、公共服务的财政制度建设

财政制度建设是公共服务有效供给的坚强后盾。根据事权与支出责任相一致的原则，财政制度建设也应随着政府公共服务职能转变，加大公共服务支出的财政制度构建力度。在此基础上，坚持事权与支出责任相匹配，侧重于探索各层级政府财政能力、公共服务转移支付和政府购买公共服务的公共财政制度建设，多角度、多层次增强公共服务供给能力。

（一）以更好地保障和服务民生为目的，加大公共服务支出的财政制度构建力度

目前、"中国社会主要矛盾已经转化为人民日益增长的美好生活需要和不平衡不充分的发展之间的矛盾"，在政府职能转变和工作重心切实转移到更好地提供公共服务供

给上来的过程中，财政支出结构应该与政府职能转变相适应，调整公共财政支出结构，加大公共服务供给的财政制度改革也就势在必行。特别是随着政府职能向公共服务供给转移和公共服务多元供给格局的形成，以公共福利为导向的"服务型政府"建设必然要求公共服务供给在支出结构中的比例增加。作为公共服务职责的承担者，政府的财政支出结构将随着公共财政资金从市场竞争性领域的直接退出和减少对市场经济的直接干预而向公共服务领域倾斜。在"经济建设、社会建设、政治建设、文化建设和生态文明建设"五位一体的战略布局中，在深化"放管服"制度改革、充分发挥市场在资源配置中的决定性作用、推进经济稳步发展的同时，切实加强和完善保障民生的财政制度和支出机制，以保障基本、守住底线和保持公平为原则，以实现最低基本公共服务标准为底线目标，不断提高民生支出在财政支出中的比重，加大对民生、社会保障、基础教育等基本公共服务的财政供给力度，切实纠正长期以来基础教育、卫生医疗保障、环境保护等民生类基本公共服务供给缺位的现象。

按照"事权与支出责任相一致"的原则，合理划分中央政府和地方各级政府的支出责任。政府，特别是中央政府，应该在全国性基本公共服务供给事权上移的过程中，坚持事权与支出责任相一致的原则，加大全国性基本公共服务的财政支出比重。在实施过程中以法律的形式分项列举出中央和省级政府财政支出的承担比例，以及省级以下政府在专项公共服务供给和混合性公共服务供给中的事权与支出责任，形成全国性基本公共服务事权和支出责任向中央和省级政府上移、区域性公共服务供给向城市和基层政府下移的新格局。特别是发达地区的城市政府，政府的职能定位将更加突出公共服务和公共产品的有效供给；伴随着市场在资源配置中发挥决定性作用，各层级政府将逐渐退出微观经济领域，与事权相一致的支出责任和财力保障制度建设就十分必要。

（二）坚持事权与支出责任相适应，加强各层级政府财力的财政制度构建

坚持以"事权与支出责任相一致"的原则，深化财税体制改革要求明确每一级政府的事权和各自承担的支出责任，特别是在共同服务事项中按职责分工和服务事项分类划分各自承担的类型及承担的支出比例。在当前公共服务和社会管理重心下移的过程中，由于财权"层层上收"的体制没有变革，致使近些年来地方政府在事权增加的同时，财政支出权限逐渐萎缩。因此，在国家财政总体稳固的基础上，理顺中央和地方各级政府的事权后，应根据事权和支出责任相一致的原则，按照各级政府的事权合理地确定本级政府的财政权力和相应的支出责任。合理划分中央、地方及省级以下政府的财政收入和财政支出比例，特别是在事权下沉的过程中，增加地方政府特别是基层政府的税权和财政收入比例，合理地确定地方的主体税种和分税比例，保障支出责任与承担的事权相一致，应该成为公共服务有效供给的第一道财政制度保障。

在合理划分各级政府的支出责任后，要秉持公共服务支出责任与财政能力相平衡的原则，增强各级政府的财政支出能力，确保公共服务的有效供给。当前的实际情况是，

基层政府的财政支出能力不足以支撑当前的公共服务供给需求，财力和支出责任不匹配，地方政府的财政压力巨大，"事权与财权倒挂"成为当前基层政府财政能力的显著特征。因此，加快省级以下财政体制改革，理顺省级以下政府事权与支出责任划分，增强省级以下政府财政支出能力，成为今后地方区域性公共服务有效供给的重要保障。以党的十九大报告和党的十九届三中全会提出的"赋予省级及以下政府更多自主权"为指导，在事权下沉的过程中，赋予地方政府在财政税收方面相应的自主权，确立"权随责走""财随事转""以钱养事"的公共财政预算和分配机制。合理调整政府间的分税比例和财政支出比例，赋予不同层级政府与事权相匹配的财政支出责任和支出能力，建立基本公共服务支出责任与财政支出能力相平衡的财政制度，为公共服务供给提供切实有效的财政保障。

（三）完善财政转移支付制度建设，增强公共服务均衡供给能力

健全公共服务供给的财政转移支付，仍然要坚持事权与支出责任相一致的原则。首先，要在合理划分各级政府事权的基础上，规范和梳理专项转移支付。改变传统转移支付模式，根据公共服务的属性分类，将全国性的、兜底性的基本公共服务（如教育、医疗、社会保障和就业、环境保护等）的事权和职责划给中央政府和省级政府，同时降低、减少乃至逐步取消这些基本公共服务的一般性财政转移支付力度。一方面通过将这些基本公共服务上移成为中央政府和省级政府的事权，大幅减少一般性转移支付的规模；另一方面通过将这些事权上划，减少地方政府特别是基层政府的支出责任和财政支付能力，降低地方政府对中央政府转移支付的过度依赖。其次，按照事项分类规范专项转移支付制度的目标设定和适用范围。从国际管理经验来看，专项转移支付一般是把那些具有外溢性和特殊性的跨区域共同事权（如跨区域性河流治污）、突发性的公共事务（如突发性自然灾难）和区域性外部不经济（如区域性贫困）等作为专项转移支付的重点；而且根据"专钱专用"原则，通过细致的制度设计和监督机制，保障专项转移支付用于特定的用途和实现特定的政策目标。因此，基于基本公共服务均等化和减少区域性差异、实现全面建成小康社会等战略目标，灵活借鉴国际转移支付中成熟使用的"公式法"，合理分配公共服务事项转移支付的支付比例和资金转移支付结构，加大对贫困地区和中西部地区转移支付的力度，重点解决社会发展中的精准脱贫等需要保障的问题。同时，借鉴西方国家纵向转移支付和横向转移支付制度相结合的经验，在完善从中央到地方的纵向转移支付的基础上，通过增加横向转移支付的比重，平衡区域间的财政支出比例，推动实现基本公共服务均等化供给，在一定程度上减缓发达城市和地区的公共服务供给压力。

（四）完善政府购买公共服务的公共财政制度建设

首先需要把政府购买公共服务纳入和规范到公共财政制度的综合预算内。当前，中国的公共财政制度更多地侧重于政府间的事权和财权建设，政府购买公共服务的预算大

多还是以"单项资金"的形式单列，没有真正纳入公共财政制度建设范围之内，相应地也还没有相关的财政预算目录和清单。因此，在今后的财政体制改革过程中，随着政府购买公共服务规模的增加，政府购买公共服务应该作为一个独立项目和单元纳入政府公共财政预算和建设中去，这不仅是根据公共服务种类科学分类并制订政府购买计划的需要，也是规范公共财政资金的使用和提高公共财政资金使用效益的前提条件和保障。

完善政府购买公共服务的财政制度建设，需要做好政府购买公共服务的科学预算编制。从"提供"与"生产"二分的角度来看，公共服务市场化过程中的"公私合营"和政府向社会组织购买公共服务说到底都是政府作为"买家"购买其他主体组织和生产公共服务的行为，本质上都能够划入"政府购买公共服务"的范围。因此，政府作为"精明买家"购买公共服务的一个重要内容就是做好购买公共服务的财政预算编制建设。要根据公共服务供给需求和公共服务的生产效能，科学编制相应的购买计划与资金预算，以及在公共服务生产过程中细化预算的使用环节，保障预算的有效执行与合理使用，避免因公共财政资金编制不当造成使用过程中的资金规模过大带来的资源浪费或资金规模偏小导致的公共服务生产能力不足。

完善政府购买公共服务的财政制度建设，还需要加强公共财政资金的规范化使用机制建设。政府购买公共服务的初衷就是以合理的资金投入产出更多的公共服务，提高公共财政资金的使用效能。因此政府购买公共服务中的资金使用管理成为保障公共服务有效供给的重要内容。在公共资金的使用过程中，要通过专门的政府购买公共服务立法和专门的监管机构建设，借鉴企业的成熟经验，对公共资金建立起诸如"专款专用""按需拨付""按事付费""钱随事转"等使用规范。严格规范购买方和承接方使用资金的方式和行为，通过对公共财政资金支出的规范化管理，推动公共资金使用效率最大化。此外，应加强对公共财政资金的监督机制建设，避免资金在使用过程中的贪污和腐败行为，压缩公共资金滥用的空间，提高公共财政资金的使用效能。

三、公共服务的监管路径建设

公共服务供给主体间的合理分工与持续有效合作，离不开强有力的政府引导和机构的自我改革。在公共服务多元主体分类供给格局中，政府在引导、规范多元主体积极参与公共服务供给的同时，自身作为公共服务责任承担者也需要做好政务服务供给的效能建设。2013年以来推行的"放管服"改革已经触及这方面的根本，但有些问题仍需要深度推进。本节在思考浙江省各地市政务服务改革所遇问题的基础上，从政府职能部门的有机整合与职责明确的协同机制建设、深化简政放权和行政审批制度改革与加强事中事后监管机制建设、政府购买公共服务监管与第三方评估机制建设3个角度，分析公共服务有效供给的监管路径建设。

（一）职能部门的有机整合与职责明确的协同机制建设

1. 理顺政府内部的职责关系，实现服务供给从"业务管理"走向"综合服务"

适应社会发展阶段新变化，从现代公共服务和市场经济、社会发展需要出发，结合新形势下产业发展和社会需求发展趋势，梳理和整合政府的公共服务职能，以综合性业务服务和管理为出发点，做出前瞻性的职能部门规划和调整，使政府部门设置与市场、社会对政府的职责需求相适应，推动政府部门内部的有机整合，建立职责分工明确、设置科学合理的"大部门"，减少因业务重叠造成的部门推诿和资源浪费，使公共资源得到有机整合和合理利用，提升政府的管理和服务效能。

2. 加强部门间的资源共享和协同合作机制建设，推动地方大部服务体制改革

加强部门间的协同合作机制建设，首先，要求各职能部门坚持资源共享，破除部门壁垒和保护。衢州市"最多跑一次"改革探索围绕"一窗受理"和"集成服务"中心目标深入推进窗口设置的分类整合改革措施特别值得借鉴。其次，在协同合作机制构建中，应以"责任、整合、共建、共治"为出发点，坚持责任共担，促进部门间的主动协作。在当前资源共享和"大数据"平台支撑下，通过综合业务部门的设立，减少办事材料和简化办事环节，变"由主管部门牵头"为信息共享部门间"业务性制度合作"，推动部门间的职能融合，加强责任共担机制的探索和引导。最后，坚持能并则并原则，推动实现政府管理层级优化、职能部门整合和"整体性"政府的运作模式构建。在浙江省各地市"最多跑一次"的改革过程中，通过"减层级、减事项、减材料、减环节"等机制创新，可以加快对关联度高、办事内容相似的事项整合归并，有效推动职能相近或交叉的部门真正联动和职能融合，这不仅为地方大部制改革提供了可资借鉴的路径，同时也为优化部门管理层级和跨界协同创造了良好的条件，值得深入研究。

3. 依托"互联网+"信息技术，提升政府的"整体性"政务服务能力和水平

首先，通过政务服务网络平台资源共享和网络平台上的部门联动、协调机制建设，推动纵向、横向政府部门实现跨部门、跨层级信息资源共享和数据统一交换、业务协同流转，解决数据资源跨部门、跨层级、跨区域共享的技术难题，推动政府作为一个整体拓展基于公众需求的大数据分析研判、业务整合和内容调度等，实现政府对提供服务的实时感知、精准决策和灵敏回应。同时，借助信息兼容技术优化网络办事的系统设计，推动政务服务网与各种特色信息化平台的功能兼容和信息共享，建设"大平台、大数据、大系统"，使网上服务平台与网下服务中心同步，建成网上和网下统一、权威的政务服务渠道，使公众与政府实现"零距离"对接，通过政务服务网运转效率和使用效益的提升，推动政府内部跨层级、跨部门的协同合作，更好地为公众提供无缝隙的高效、便捷、优质服务，提升政府整体的服务水平和服务效能。

（二）深化简政放权与强化事中事后监管机制建设

1. 以职能转型和规范事权为基础，推动简政放权和政务服务"权力清单"制度建设

与公共服务供给应满足社会公众需求相一致，深化简政放权虽然是行政系统内部的自我改革，但作为政府职能转变的一项重大改革内容，也应该坚持公共价值取向，在取消和下放行政审批权限中以市场和社会需求为重心，减少传统中以政府行政为中心的改革价值取向，转向为企业和社会提供更加优质和便利的服务，即从传统"管制"到"服务"的理念转变，避免权力被截留而导致简政"形式化"。因此，在深化简政放权和行政审批制度改革的过程中，应坚持社会本位，合理确定政府与市场、社会的角色定位和各自发挥作用的边界，政府应以整体公共利益和公共责任为取向，将职责范围限定在"市场失灵"领域，对市场监管和公共服务做出全面规划，并承担政策制定与执行、宏观管理与规范、公平正义秩序维护、社会资源整合和优化组织协调服务，减少过多的行政干预。与此相对应，行政审批也应由以前置审批为主的行政管制方式转移到事中事后监管为主的规制服务方式。通过削减行政审批项目减少政府对市场的行政干预和微观控制，市场主体则在法定范围内通过高效组织生产个性化和差异性的产品和服务，满足不同社会群体的社会需求，激发市场和企业活力。在社会领域，加快政社分开步伐，推进政府向社会放权，通过对事业单位的分类改革和扶持社会组织发展，加快政府所属机构与行业协会、事业单位脱钩，通过加大对社会组织的扶持和培育，引导社会组织充分发挥专业和技能特长，灵活、志愿地提供公益性社会服务，扩大公共服务的覆盖范围。通过深度简政放权推动政府、市场、社会的职责归位，以制度规范引导市场和社会力量在社会治理和公共服务供给中更好地发挥作用。

2. 坚持深化行政审批制度改革与加强事中事后监管机制相结合

简政放权的落脚点在于创新政府治理模式，运用新公共服务理念，通过政府自我改革来增强市场活力、社会活力与民众的获得感。减少行政审批，放权给社会是其中的重要内容。当前，"集成服务"已经成为城市政府提升政务服务供给水平的显著性发展趋势，行政"集成"审批也已经成为大势所趋，各地的行政服务中心和行政审批机构的试验，也都是为了进一步集中行政许可权，优化行政审批环节与提高行政审批服务效能。深化行政审批制度改革要求继续以削减行政审批为抓手，深度简政放权。全国范围内的"五证合一、一照一码"和发达地区推行的"多证合一""一个窗口、集成服务"等机制创新已经大幅度精简了行政审批环节、降低了市场准入门槛，为企业节约成本费用和提升竞争效能开辟了新的制度环境空间。未来，随着审批业务的大量集成和行政许可权的相对集中，将推动由政府内部互为前置的事前审批走向法治建设中符合法律制度和政策标准下的"集成审批"模式。因此，通过行政服务中心、行政审批局等相对集中行政审批权的改革试验，进一步打破体制壁垒，通过精简审批流程，取消、下放审批权限，简化审批流程与审批集约化办理，推动行政审批权力结构重塑与审批流程再造，建设适应

市场化需求的新型行政审批运行机制。

深化行政审批制度改革还要处理好取消、下放审批与事中事后监管间的有效衔接问题。取消和下放审批权限是对传统"重审批轻监管"模式的解构与重建，放松审批和降低市场准入门槛就意味着需要加强对产品生产和服务质量的事中事后监管。相应地，简政放权之后政策制定方与各监管部门之间、审批与监管分离后审批部门与各监管方的关系及协调合作机制建设，就成为深化行政审批制度改革中需要重点研究和解决的课题。长期以来"谁审批、谁监管、谁负责"的"裁判员＋守门员"的模式被打破，"政监分离"后审批标准该如何制定？政策制定如何与各监管部门进行有效衔接？行政审批机构成立后究竟哪些审批权限可以划转给行政审批机构？行政审批机构的事前审批与各监管部门的事中事后动态监管如何做好协调？这些问题的解决无疑都会影响到政府服务效能的优化和政务服务水平的提升。因此，在放松审批的过程中，一方面要明确界定审批部门的审批权限和审批责任；另一方面还需要加快明确各监管部门的监管内容，通过科学界定各监管部门"管什么"来界定各监管部门的职责边界，特别是哪些事项属于"事中和事后监管"的范围及相应地承担哪些监管责任，应有规范性和法律性规定。在此基础上，强化监管过程中职能部门的监管职责和监管能力建设，探索和完善审批与监管的良性互动协调机制，做好放松审批和加强事中事后监管的有效衔接，才能提升最终产品和服务质量的监管效能。

（三）加强政府购买公共服务监管与第三方评估机制建设

政府作为政策的制定者、公共服务供给的安排者、规则的执行者和裁决者，在政府购买公共服务监管方面，首先需要制定出一套切实可行的公共服务质量标准评价体系，这是监管执行的首要前提。只有有了科学的标准，才能在事中事后的公共服务生产和质量评估中做到规范化评估和制度化监管。在这方面，可以借鉴西方国家的成熟经验，考虑在相关综合部门内组织专业的技术人员和资金审计人员组成专业的政府购买公共服务独立管理机构，专门负责政府购买公共服务监管工作，并形成规范的监管评价体系。主要包括：①制定专业的质量标准、规章制度、实施细则等法律法规，强化制度制定与监督执行；②形成专门的体制内监管体系，对政府购买公共服务的资金预算、购买内容、购买方式等细节性内容进行审核与审批；③对社会组织和其他服务机构等承接主体的公共服务生产进行专业的资金核算、价格评估，对服务质量进行专业化监管，监督承接主体形成良好的自律机制；④与人大、政府审计部门、纪检监察、司法部门和社会公众协同合作，形成良性互动的监管系统。

当前，"第三方评估机制"成为加强政府购买公共服务监管机制的有益经验。从理论上讲，独立的第三方机构能够通过专业的技术，客观、中立地对政府购买服务进行审计评估，较好地实现评估的客观与公正。在实践领域，第三方审计评估机构在环境保护、能源安全、法律援助等方面也能够运用专业的技术和专业的评价指标体系，对政府购买公共服务的质量和效能进行评估，不仅评估结果比较客观，还能就评估结果提出相对中肯和专业的纠偏策略。引入第三方评估机制，也能在一定程度上降低政府的评估监管成本，对于充分发挥多元主体参与政府购买公共服务监督也能起到很好的促进作用，助推形成有效的外部监督评估机制，弥补政府内部评估的不足。

第四节　城市公共服务管理案例

案例："浙江文化通"提升公共文化服务水平

"浙江文化通"，是由浙江图书馆（全国文化信息资源共享工程浙江省分中心）研发实施的浙江省公共数字文化移动服务平台，是中央财政支持建设的国家公共文化数字支撑平台浙江特色应用项目，是公共数字文化服务的全国首创。它体现了整合、共享、即时的特性，汇聚了浙江全省的公共图书馆、博物馆、文化馆、美术馆、科技馆、影剧院等公共文化单位举办的讲座、展览、活动、演出等文化信息，同时，还专门配置了适合移动终端阅读的专用电子资源，为公众提供文化资讯预告和数字阅读、图书查询等公益服务，很好地实现了"互联网＋"的公共数字文化服务移动供给。

浙江有丰富的文化资源，但是各种文化信息发布较为分散，民众很难准确地获取所需信息；相对地，文化机构在民众中存在感不高，有第三方研究报告显示，有的老百姓从来不去图书馆的原因是不知道图书馆在哪儿；现代快节奏的生活，使人们难得有时间坐下来静静阅读，只能抽零碎时间进行阅读。随着通信技术的快速发展，网络和多媒体的普及，手机等移动终端作为最方便、最大众化的信息应用终端，正在成为人们获取知识信息、阅读的重要手段，图书馆、博物馆等文化服务单位，利用移动通信网络与手持终端这个新媒体平台来拓展和改造自己的服务，为用户提供更实时更方便的信息服务，把信息服务随时随地推送到用户身边，这也必将有效提升自身的管理和服务水平。

浙江图书馆积极构思、策划、命名，经过一年多的开发建设，"浙江文化通"应运而生，于2013年11月22日正式开通上线，利用智能移动终端，为公众提供文化资讯预告、数字阅读、图书查询等公益服务，开启了浙江省公共数字文化的移动服务新时代。由于移动服务的迅速发展，随后吸取用户使用建议和专家意见，于2014年12月组织进行"浙江文化通"的二期建设，并于2015年2月完成二期开发。

文化通实现信息服务、文化服务和用户群体的互通，文化资讯预告、数字阅读和图书查询等公共数字文化服务在同一个移动平台上实现，这种方式在全国属于首创。国家公共文化服务体系建设专家委员会李国新教授、巫志南研究员等给予高度赞扬。"浙江文化通"是一项革命性的举措，全新的创新，手机直接服务，"触手可及"；内容直接更新，功能设计很有特色，与书本阅读实现了互补；二维码扫描方便，具有全国推广的价值。2015 年，"浙江文化通"作为浙江公共文化品牌被列入中共浙江省委办公厅、浙江省人民政府办公厅下发的《浙江省关于加快构建现代公共文化服务体系的实施意见》。

图 8-1 "浙江文化通"数字文化资源

复习思考题

1. 什么是公共服务？公共服务的特点有哪些？
2. 简述政府在公共服务领域的职责定位。
3. 什么是城市公共服务？
4. 试论述城市公共服务的社会属性。
5. 简述城市公共服务的分类和供给。
6. 试论述如何完善公共服务管理的路径。

第九章

城市安全管理

第一节　城市安全管理概述

推进城市安全管理是深入贯彻落实安全发展战略的重要任务。现代城市的系统安全特别是生产安全、交通运输安全、基础设施安全与职业健康安全等，关乎经济社会发展的大局，关乎人民生命财产安全，也是广大民众普遍关注的热点和焦点之一。人们在享受城市繁华和便利的同时，也承受着诸多"城市病"的困扰。实施城市安全发展战略，编织一张和谐社会的安全防护网，提高快速高效的城市安全生产应急处置能力，已成为一项紧迫的任务。本节主要包括城市安全、城市安全管理及城市安全管理的组织体系等内容。

一、城市安全及城市安全管理

（一）城市安全的含义

近年来，在全球范围内，各种城市危机事件不仅给个人生命和财产造成了巨大损失，还对城市安全构成了威胁。城市安全具有广义和狭义之分。广义的城市安全是指一定时期内城市政治、经济、社会、文化、生态等各个领域的稳定和有序状态；狭义的城市安全仅是指城市社会的稳定和有序状态。这里主要关注狭义的城市安全。社会安全为城市运行提供了必要的秩序保障，为居民生活提供了良好的环境和氛围，对城市发展具有重要意义。

城市安全具有以下特征：一是公共性。城市安全问题涉及千家万户的利益，有效防范和处理恐怖袭击、自然灾害、水源污染等危机事件，可以减少生命和财产损失，保障城市发展和公共利益。二是脆弱性。现代技术提升了城市运行效率，同时也增加了公共安全隐患。现代城市运行离不开通信、电子、供水、供电、供气等网络系统。这个网络的任何环节出现问题，都可能影响到大量人群。三是耗散性。城市风险最初出现时往往呈偶发性和分散性特征，如果不能被及时识别，社会风险不断积累就会侵蚀公共安全的基础，最终导致"千里之堤，溃于蚁穴"。一般而言，某部门或某领域工作出现差错的概率越大，存在的安全隐患就会越多，发生危机事件的可能性也就越大。为提升城市安全水平，需要坚持防微杜渐的原则，从细节入手排查可能的潜在风险。

（二）城市安全管理的内容

城市安全管理的目的在于提升城市安全能力。它可以分解为3个方面：首先，从个体层面看，城市安全能力表现为居民自身发展能力的提升；其次，从群体层面看，城市安全能力表现为城市居民互助能力的提升；最后，从城市管理层面看，城市安全能力表现为政府维护社会稳定与公平、促进社会可持续发展能力的提升。

具体地讲，城市安全管理包括以下内容：①城市灾害管理。灾害是影响城市安全最直接的因素。根据来源和性质，城市灾害可分为自然灾害、事故灾害、公共卫生灾害、社会突发事件灾害4类。城市地区经济发达、人口稠密，在遭遇灾害时，其损失也往往更为惨重，对公共安全的影响也最大。城市灾害管理涉及防灾、减灾、抗灾和灾后重建等内容。②社会治安管理。社会冲突和违法犯罪是城市社会的基本现象。为维护社会稳定和有序的状态，城市管理需要配备警察资源，用于打击各种违法犯罪行为，保护市民、法人和各类组织的合法权益，保障城市健康、稳定、可持续发展。③城市应急管理。城市应急管理主要针对突发性公共危机事件，提升政府的预测与预警、应急处置、恢复与重建能力。很多危机事件具有不可预测性，往往在没有征兆的情况下突然发生，如果不加控制，将会导致巨大损失。提升应急管理能力，既要强化指挥协调中枢系统建设，也要完善应急准备和预案体系。

二、城市安全管理的组织体系

城市安全管理的组织体系主要包括5个部分：①信息和预警系统。城市安全管理的信息和预警系统主要负责信息收集与整理、信息沟通、安全监测、安全预警。畅通的信息传输渠道、及时准确的信息来源，是信息和预警系统的保障。②规划和评估系统。该系统主要负责制定城市安全的预防与管理预案，制定城市安全管理的法规体系，进行安全管理培训、演习，对预防与管理预案进行评估和反馈。其中，评估工作包括政府内部评估和社会评估，社会评估主要由大众传媒和独立分析机构承担。③指挥中枢系统。该系统是城市安全管理组织体系的核心，是安全管理的最高决策机构。根据安全问题的性质和具体情况，可以建立常设性指挥机构，也可以建立临时性指挥机构。④决策咨询系统。主要为城市安全管理工作提供必要的技术支持和决策咨询。咨询机构一般由专家或研究机构组成，在知识结构上注重完整性，充分吸纳不同的观点和意见。同时，咨询系统要独立运作，以保证咨询意见的自主性和科学性。⑤管理执行系统。主要负责执行有关决策，快速应对、处理和解决城市安全问题。城市安全管理的执行系统包括公安、消防、医疗、工程技术等职能部门和专门机构，它们在指挥中枢系统的统一领导和协调下，按职能分工采取协同行动。

第二节　城市灾害管理与城市治安管理

随着我国经济的发展、城市化水平的提高，以及各种自然灾害、突发公共卫生事件、事故灾难类事件的频发，城市灾害应急事件管理成为执政为民的重要内容。一个城市的灾害应急能力，其实就是该地区或城市在应对灾害等突发事件时，其所拥有的组织、人力、科技、机构等资源要素表现出来的敏感性和具有的综合处理机制。同时，为了增强民众的安全感，一个现代化的城市必须具备良好的公共安全性，而稳定的社会治安环境和有序的工作生活氛围则是这种安全性的重要体现。因此，作为一种综合性的社会现象，城市社会治安必须进行综合治理。本节介绍城市灾害管理和城市治安管理的相关内容。

一、城市灾害管理

城市灾害管理是指城市政府为保障城市生产和保证人民生命、财产安全，维护城市生产和生活的正常运转，规划和建设城市防灾基础设施，并凭借城市防灾基础设施，依法采取多种手段，有组织、有计划地对威胁城市安全的各种灾害进行预防、控制、抵制，对遭受灾害侵害的地区和居民实施救助、减轻灾害损失、迅速恢复正常生产和生活等的活动。

城市灾害管理内容主要有：规划和建设城市防灾基础设施；组织灾害预防、控制和抵制活动；对灾区、灾民实施救助；指导、帮助灾区灾民恢复生产和正常生活。

二、城市治安管理

城市治安管理是指为维护城市社会的有序状态，保护公民生命和财产安全，保障城市发展和日常运行，由公安机关和其他治理主体依法开展预防和打击违法犯罪的各项管理活动。城市是人口、产业、财富高度聚集的地区，是经济活动最活跃的区域，打击违法犯罪活动是城市社会管理的基本职能之一。治安管理是一项综合性很强的工作，其内容包括户口管理、治安巡逻、刑事侦查、消防管理、交通指挥管理，以及对违法犯罪人员的惩罚、教育和改造等。

三、城市治安管理的机关和主要手段

公安机关是城市治安管理的主要机关，负责统一领导、调动和配置城市警力。直辖市和设区的市的公安机关，由市公安局、区公安分局和派出所三部分组成；不设区的市的公安机关，由市公安局和派出所两部分组成。市公安局统一领导全市各级公安机关的工作，区公安分局在市局和区委、区政府的领导下开展工作。此外，我国还设有武装警察部队，配合公、检、法机关开展工作。

为了强化治安管理，维护社会稳定和有序状态，我国实行社会治安综合治理制度。即在党委和政府的统一领导下，充分发挥政法部门特别是公安机关的骨干作用，组织和依靠各部门、各单位和各地区综合运用"打、防、管、建、教、改"等措施，预防和打击违法犯罪活动。城市企事业单位普遍设有安全保卫部门，它们在业务上协助公安机关开展工作，但自身并不具有治安管理权限。基层社区还设有治安保卫委员会、治安联防组织，它们是群众参与性组织，协助公安机关开展一些基础性工作。此外，城市还组建有保安服务公司，培训保安人员，为客户提供有偿保安服务。保安公司的业务活动接受公安机关的监督和指导。

城市治安管理通过预防、控制和处理各类违法犯罪活动来改善城市公共安全状况，维护城市稳定和可持续发展。城市治安管理的主要手段有：①强化信息情报搜集。治安管理坚持以预防为主，着眼于把危险和危机化解在萌芽状态。城市治安事件具有突发性、隐蔽性、连锁性、衍生性等特点。一旦发生，有可能造成恶劣影响。治安管理要做好户口登记管理、情报搜集和监测工作，及时发现可能引发治安事件的隐患和苗头；建立网格化巡警机制。为加强治安管理，我国很多城市开始实行网格化巡警机制。它把城市划分为若干个巡区，每个巡区配备责任民警，轮流在街面巡逻。通过划分单元网格，可将治安责任落实到每个民警身上。网格化巡逻机制改变了警察在派出所静态备勤的模式，提高了现场发现违法犯罪行为的能力。②加强社区警务工作。城市治安管理有必要从社区警务抓起，实行重点整治与基层治理相结合。为此，需要加强基层警力配置，实现警务资源社区化，夯实基层警务工作。同时，要把社会治安工作与建设安全小区、安全单位工作结合起来。针对外来人口违法犯罪率居高不下的问题，需要加强民房出租屋的管理。③完善应急管理系统。社会治安管理事关人民群众的生命和财产安全，关系到城市的声誉和形象，对社会影响度很高。为有效应对各种突发事件，必须建立治安应急管理系统，形成"一元指挥"和"整体联动"。我国城市普遍建立有"110"电话报警系统和出入市境查控拦截防线。遇到重大突发事件，市公安局立即启动应急指挥系统、协调多个部门和多方资源联合行动。

第三节　城市应急管理

面对全球突发事件增多的新形势、新特征，营造与党中央要求相吻合、与城市发展需要相适应、与人民群众安全需要相一致的安全环境，是城市应急管理机关必须坚决履行的光荣职责。本节通过对应急管理的定义、阶段及特征的介绍，阐释应急管理的重要关键因素，以帮助解决当代社会重大公共危机事件。

一、应急管理的相关概念

随着社会环境的剧烈变化，人类在面对灾害时，除了应对以往的环境破坏问题外，更需要面对不断增加的人为因素的风险。这些风险的增加使得灾害应对变得更加难以掌握及充满不确定性。有效的应急管理（emergency management）已成为当前灾害治理中的关键议题，研究并拟定危机与灾害管理能力的提升策略，亦是当前所关注的重点。对地方政府而言，从务实的角度发展提升应急管理能力，既是重要需求，也是重大挑战。应急管理涉及许多不同的方面和概念，包括减灾（mitigation）、整备（preparedness）、响应（response）与恢复（recovery）等4个阶段，涉及脆弱性和韧性等概念。

针对灾害的不确定性及时间的急迫性，减灾和整备的实务工作应包括减少暴露于灾害的概率，降低生命与财产的脆弱性，合理安排土地开发与环境保护，以及加强应对灾害的准备工作等重要内容。在灾害发生后的紧急状态下，响应能力则显得尤为重要。政府或组织需要立即采取行动，避免灾害、危害的扩散，降低灾后重建时所面临的挑战。在危机过程中，普通大众时常不清楚自己能够扮演的协助角色及可利用的资源，由此产生更混乱的灾害危机。因此，应急管理更强调信息传递、需求评估的及时性和准确性。

一般来说，灾害的影响范围非常广泛，往往需要花费更多的资源才能够恢复。对社区而言，需要将自然灾害的发生视为不可避免的事情。因此，灾前需要通过地方防灾训练保护社区民众的生命财产安全，降低灾害对社区所造成的负面冲击，从而使损失降到最低。社区防灾能力的培训能够使社区具备面对灾害风险的自主性与行动力。通过符合地方特性与需求评估的计划，将专业的防灾知识与应变救灾技能转换传递到民众之中，并大力支持社区参与的模式，将能够有效进行风险管理，促使民众认知环境中的灾害风险，提升危机意识，凝聚共识，并强化社区组织的整备与应变能力。

对于这些能力的综合，可以理解为社区韧性（community resiliency）的概念，它是指社区在灾害发生时，能具备"对抗灾害"的能力。具体来说，就是以整体社区民众为整备对象，结合灾害防救资源与救灾课程训练，运用社区力量，通过多元的课程与活动设计，强化自我灾害防救能力。早期的社区韧性泛指普通人群与邻里互动，再到政府组织机关的单向投入。今天所言的社区韧性是指跨单位的协力合作应对灾害的能力，落实这种能力的具体行动包括环境踏勘、防灾地图绘制、防救灾议题讨论、防救灾数据库建设等。

二、城市应急管理的特征

应急管理是针对突发性危机事件采取的快速反应和应对机制。危机是一种非正常的紧急风险状态，对社会正常生产和生活秩序具有严重威胁。一些事件或状态之所以被称为危机，是由于它打破了正常状态，如果不加以控制，个人、群体乃至整个社会都会受到严重损失。城市危机事件具有生命周期，它一般包括危机潜伏、危机征兆、危机爆发、危机延续、危机解除 5 个阶段。应急管理贯穿于危机发展的整个过程。

纵观国内外城市应急管理事件，可以总结出一些共同的特征：一是完善应急管理法规。为提升应急管理水平，各国普遍重视制定应急管理法规，规范各种灾难和紧急事件的应急程序、处置预案、指挥机构、权力责任、资源配置等。二是做好应急准备工作。它通过制定应急规划、储备应急物资、进行模拟演练和专业训练，提升政府的应急回应能力。做好应急准备工作，可减少突发危机造成的损失。三是提升信息集成能力。应急管理需要强化信息收集、整理、沟通和反馈能力，必须整合多途径获取的信息资源，建立统一的信息中心或信息平台，强化信息集成能力。四是建立指挥中枢机构。城市危机事件具有突发性、紧急性和危害性，政府必须快速做出反应，建立指挥中枢机构，协调各部门采取协同行动，消除条块分割、各自为政的现象。一般而言，指挥中枢机构建立于综合协调部门，以行政首长为最高指挥者。五是注重社会参与，推进合作治理。突发危机事件与公众利益息息相关，公众参与是快速响应突发事件、提升应急管理水平的社会基础。处置城市危机事件，政府需要调动市民、社区、单位的力量，共同采取行动，控制事态发展，缓和危机影响。

第四节　城市安全管理案例

案例一：我国应急救援技术及装备

有一个救援装备的著名案例，是关于汶川地震后形成的唐家山堰塞湖的。堰塞湖非常凶险，一旦地震而形成的堵口出现崩塌（可能性极大），则下游的居民将面临灭顶之灾。所以，面对如此巨大的风险，必须得排除这一隐患才能解除下游疏散与否的难题。可以从当前的堵口处挖出一个引流渠，将堰塞湖中的存水逐渐放出，避免倾泻而出带来水灾。但是，由于地震带来了山体变动，使得挖掘机难以寻路上山，而靠人工挖掘的方法无疑效率太低。最后，大家认为还是要使用挖掘机来解决问题。为解决挖掘机上山的问题，有人想到了采用直升机吊装的手段。只是当时我国缺乏重型直升机，好在俄罗斯有，于是我们从俄罗斯借用了重载直升机将挖掘机从山下运到了山上，开工之后很快就拖好了引流渠，最终消除了风险隐患。汶川大地震距现在已经过去了十几年，中国航空工业集团哈尔滨飞机工业集团已经从俄罗斯购买了重型直升机的生产技术知识产权，未来再有这样的应急需求，就完全可以使用我们国产的装备了。

应急救援所涉及的技术和装备很多，主要有应急搜救技术，包括生命物探测技术（如生命探测仪），救援现场破拆、支撑、搬运设备，现场医疗救援设备，高危行业生产过程中可以暂时存身的安全岛等。救援装备种类繁多，根据救援环境和用途，可分为空中救援装备、陆地救援装备、水下救援装备及通用救援装备。现代技术很多已经逐渐被用于传统的救援装备，并体现出智能化、现代化的特征。

案例二：广州智能化城市安全管理平台的试点建设

随着城市化水平的提升，旧有城市基础设施已无法满足人们对城市服务功能和城市安全运行系统的需求。2021年7月，广州市智慧城市投资运营有限公司启动广州市智能化城市安全管理平台项目一期试点建设。通过整合接入CIM平台现有数据资源，面向重点区域，建设覆盖燃气管网、路面塌陷、交通桥梁、综合管廊、供电设施、楼宇消防和路灯安全等风险防控应用场景。以"点、线、面"相结合的方式，搭建"一图总览、一网统管"的城市级管理平台，全景呈现城市整体安全运行态势。

（一）燃气风险实现全流程跟踪

目前运行中的燃气管网存在埋深隐蔽、材质老化腐、蚀严重等问题，且受到第三方施工、杂散电流等影响，容易引起泄漏。针对燃气管网风险，项目通过对地下管线拓扑结构及地面重点建筑分布进行分析，辨识高风险交叉隐患点，结合测点优化算法，在琶洲新港东路重点区域选取了22个燃气、排水窨井进行试点监测。发生报警后，系统将快速调取报警点地上地下周边环境信息，结合扩散分析、爆炸分析、风险要素分析等各类分析模型，综合研判分析泄漏可能造成的次生衍生事故并预演评估事故后果，制定针对性的应急处置方案，形成事故分析报告。报警信息和分析报告可实时推送给主管部门，辅助应急救援管理，实时反馈处置进度，实现安全事件全流程跟踪。

（二）楼宇消防实现闭环管理

高层建筑内部消防设备设施种类及数目庞大，巡检维修消防成本较高，消防管理部门工作压力较大，导致部分消防设施疏于日常监管，误报率高。针对楼宇消防风险，项目选取广州报业文化中心作为试点，接入楼宇消防主机监测数据及消防相关视频数据，并将各种消防设施的位置、报警、危险源等信息进行了数据整合。报警发生时，系统将快速定位报警楼层和具体位置，自动调取周围视频监控，直观展现报警点情况。如远程判定为高度疑似真实火情，报警信息将实时推送给消控室工作人员进行现场复核。同时系统将提示周边重要目标、危险源、隐患情况，科学评估火灾发展趋势，辅助消防应急决策，指导消防人员现场处治，后续整理完成火警报告，并在系统中将该区域列为重点监测对象持续监控，实现消防安全应急闭环管理。

（三）路灯安全实现智慧化管控

路灯作为城市道路的末端基础设施，易受到野蛮施工的影响，遭到破坏。且路灯管理部门冗杂，责任主体多而不实，监管清单不明确，管理环节不流畅，统筹协作存在困难。项目针对路灯安全风险，接入琶洲区域 3869 套路灯编号、类型、材质等基础信息，实时采集在线、亮灯、异常状态，以及三相电压、电流、功率等数据，在统一的监测管理平台上对路灯运行状态进行实时监管，实时感知路灯的邻近场景状况，及时反馈漏电、故障等风险信息，辅助路灯安全事件应急处置，跟踪巡检维护处置全流程，实现辖区路灯安全的一体化、协同化管控。

复习思考题

1. 简述城市安全的含义及城市安全管理的内容。
2. 简述城市安全管理的特点及原则。
3. 试论述城市安全管理的组织体系。
4. 什么是城市灾害管理？城市灾害管理的特征是什么？
5. 简述城市灾害管理的主要措施。
6. 城市治安管理的含义。
7. 简述应急管理的定义及特征。
8. 简述城市应急管理的组织体系。
9. 简述应急管理的运行程序。

第四部分
PART 4

城市管理前沿

第十章

未来社区

第一节　未来社区建设特征

　　未来社区是一种新型功能单元，其主要内涵包括"一心三化九场景"。其中，"一心"，即以人民美好生活向往为中心；"三化"，即以人本化、生态化、数字化为价值导向；"九场景"是指构建包括未来邻里、教育、健康、创业、建筑、交通、能源、物业和治理等九大场景。一方面，通过植入绿色、开放、共享等先进理念，集成应用新兴信息技术，建设未来社区，以更好地发挥社区这一基础工作单元的服务作用，让社区真正能够帮助老百姓解决切身的生活问题，提高社区居民的生活质量和对政府工作的满意度；另一方面，未来社区的提出更是为了助推产业升级，促进经济发展。

一、社区的概念

　　"社区"一词在英文中称为"community"，其最早源于拉丁语，在《新韦氏国际英语大词典》中有多种释义，其含义是共同的东西和亲密的合作关系。1887年，德国社会学家斐迪南·滕尼斯首次将"community"一词作为专有名词提出，并释义为：具有相同价值观念的人基于血缘、亲友关系而建立的团结互助、关系密切、有人情味的社会组织团体。不同学科学者基于其研究目的的不同从不同角度对社区进行定义，截至目前针对社区的定义有近百种。如从社会学的角度看，社区指生活在一定地域内的社会共同体；从建筑和规划学科的角度看，社区的定义归纳为"一定规模的人口遵从社会的法律规范、通过设计的组织方式定居所形成的日常生活意义上心理归属的范围"。这些定义的出发点与侧重点虽有不同，但是多数定义认同社区有3个基本要素：①地域性；②共同性（即共同利益、共同情感及共同意识或价值观）；③互动性。

希腊学者道萨迪亚斯将城市规划中的社区概念和社会学中的社区概念统一起来进行研究。他把社区分为六级，如图 10-1 所示。根据道萨迪亚斯的思想，邻里是社区的一种类型，从一定意义上来说邻里是社区的一个最小单位。邻里是维持并产生社区结构内聚力的基础。邻里形成的基础是邻里关系，这种关系是一种以社会道德为基础，包括文化、价值观念的社会关系，它不同于亲缘或血缘关系。在邻里关系中，人们相互交往、守望相助，形成有如家庭般的社会组织结构，其中起主要联系、交流作用的即是邻里生活。

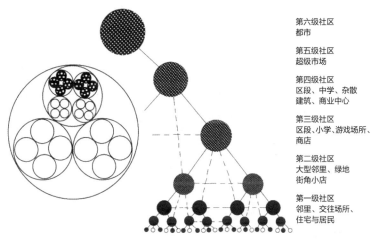

第六级社区
都市

第五级社区
超级市场

第四级社区
区段、中学、杂散
建筑、商业中心

第三级社区
区段、小学、游戏场所、
商店

第二级社区
大型邻里、绿地
街角小店

第一级社区
邻里、交往场所、
住宅与居民

图 10-1　道萨迪亚斯的社区六级层次

20 世纪 30 年代，我国社会学家费孝通先生将"community"一词译为"社区"引入中国，并给出定义为"以地区为范围，人们在地缘基础上结成的互助合作的群体，用以区别在血缘基础上形成的互助合作的亲属群体"。由此，"社区"概念正式进入中国社会学研究领域，并逐步被大众所认知。

2000 年，中共中央办公厅、国务院办公厅转发了《民政部关于在全国推进城市社区建设的意见》，其中明确指出，"社区是指聚居在一定地域范围内的人们所组成的社会生活共同体"。而且还特别指出，我国"目前城市社区的范围，一般是指经过社区体制改革后做了规模调整的居民委员会辖区"。《民政部关于在全国推进城市社区建设的意见》为我国社区确立了明确的定义，同时也给出了"社区"的两层含义：一是地域空间，社区是居住过程中产生的具有特定性质的地域空间；二是心理认知空间，社区是生活于其间的居民的心理认知空间。本书所指"未来社区"是基于此社区界定而提出的一种新的社区治理模式。

随着互联网技术的发展及网络社交的普及，自 2011 年起，"邻里社区"作为网络社交概念被提出来。作为网络社交概念中的"邻里社区"主要是基于真实邻里建立社交关系，帮助用户拓展邻里关系，拉近邻居间的距离，以获取或提供相互间的帮助，比如交流技能，分享交通工具等。随着网络平台的不断发展，网络社区不再局限于围绕真实邻里的"邻里社区"，而是发展成为人们根据自己的需求、爱好及其他共同特征而结成的虚拟联盟。

二、未来社区内涵

"未来"一词是时间概念，相对于"过去"与"现在"。在未来社区（future community）中，"未来"有两层含义：一是状态维度，未来社区是适应现代化发展需求和满足人民美好生活需要的社区新范式，也是一种社区建设的新模式；二是过程维度，指未来社区建设是不断调整优化、迭代更新，适应城市现代化与人的现代化发展需要的过程。通过未来社区建设，实现"未来可期、幸福有望"。

未来社区是社会发展的新鲜事物，较传统社区有 6 个方面的独特内涵：①以美好生活为目标追求：更加注重人的美好生活需要，以功能复合的邻里中心为依托，构建 24 小时全生活链功能体系。②以美丽宜居为环境底色：更加注重社区优美环境打造，充分运用新材料新技术，减少建设过程和建筑本身的环境污染。合理优化社区空间规划，打造多样化、个性化的立体绿化空间。③以智慧互联为基本特征：更加注重数字技术应用，利用互联网、物联网、大数据等先进技术为社区建设运营赋能。依托智慧社区服务平台，打造现实与数字"孪生"社区，以新技术、新业态、新模式提升社区服务的精准化、精细化水平。④以绿色低碳为核心理念：更加注重低碳生活方式和生产方式，强化 TOD（transit-oriented development，公共交通导向）布局理念，提升绿色低碳出行比例。优化能源系统，降低社区能耗水平。严格实行垃圾分类，促进生活垃圾源头减量，创建无废社区。⑤以创新创业为时代风尚：更加注重大众创业、万众创新，建立低成本、泛在化、开放式的社区众创空间和社区智慧平台，促进社区资源、技能、知识全面共享，为人才提供优质的创新创业环境。⑥以和睦共治为治理方式：更加注重多元主体共同参与，强化社区自治功能，优化提升"基层治理四平台"，有效推进社区治理体系和治理能力现代化。

三、未来社区建设的特征

未来社区建设主要有以下 4 个方面的特征：①坚持问题导向：创建未来社区是城市实现高质量现代化的重要途径。坚持鲜明问题导向，坚持为人民谋幸福的政治初心，以老旧建筑改造、交通出行改善、公共服务提升、智慧设施升级等为未来社区的建设重点，不断增强人民群众的获得感、幸福感、安全感。②融入先进技术：促进数字智能、绿色建筑、环保节能等前沿技术应用于创建未来社区，促进新业态新模式大量涌现，带动服务业及其相关产业大发展与大提升。③提升治理能力：将提升基层治理体系和治理能力摆在突出位置，构建科学高效的社区治理架构，培育专业化的社会组织，加大社区居民参与，营造"共建共治共享、交往交融交心"的良好氛围。④传承城市文化：深入挖掘独特而丰富的文化内涵，通过建筑风格、规划理念和运营模式的创新，构建新的文化价值体系，更好地保护传承城市优秀传统文化、历史经典产业，培育发展独特的现代文化、前沿文化、时尚文化。

第二节　未来社区的模式

社区是构成城市的基本单元，也是民众生活的空间场域。社区是基层基础，只有基础坚固，国家大厦才能稳固。因此，如何建设社区一直是学界、业界与政府部门关注的重点。社区建设方向与理念并不是凭空产生的，而是基于当时特定社会现状、技术条件及人类需求而形成的。因而，在不同的历史条件背景下，形成了侧重点与关注点不同的社区建设模式。如可持续社区建设的提出是为了实现经济、社会与环境的和谐发展；韧性社区建设是为应对全球日益频发的各类灾害，旨在提升社区防灾减灾能力；智慧社区建设则是由于互联网技术的发展及治理理论在城市建设领域的推广而出现的。本节重点讲述社区建设中几种典型的模式。

一、可持续社区

可持续社区（sustainable community）就是在"社区"概念的基础上，将社区的经济属性、生态属性和社会属性融合在一起，实现有机、平衡和持续发展的社区[①]。这一概念将社区作为一个整体的复合结构加以考虑，而要实现经济、生态和社会的协调持续发展需要一个长期的过程。同时，可持续社区不是孤立的，它与所在地区、国家和世界是相互影响的。可持续发展的核心是发展，发展是可持续发展的前提；人是可持续发展的主体；可持续长久的发展才是真正的发展。因此，可持续社区建设的核心是"以人为本"。

二、生态社区

生态社区（ecological community）基于社区的概念，以生态学、城市生态学、景观生态学等基本原理为指导，以现代生态技术为手段，以人与自然的和谐为核心，以整体的环境观来组合相关的建设和管理要素，对城市社区的内外空间环境进行设计、组织，实现高效使用资源和能源，营造一种健康、舒适、和谐、自然的聚居环境。生态社区的"生态"包含"环境生态化、社会生态化、经济生态化"。生态社区可以定义为"具有适当的地域范围与人口规模，具备共同的生态文化意识，是环境宜人，社会和谐和经济高效的可持续发展的居住区"。

---

① 马健. 可持续社区的设计理念和方法研究[D]. 天津：天津大学，2003.

正如"社区"的概念具有泛议性一样,"生态社区"的含义也有可诠释性。一是强调环境对人的养成作用和直接功能,由以自然生态为依托的体能养成,到适应信息社会的智能培育,把社区作为整体的复合结构加以考虑和营造;二是重视对人类居住地各种非自然物质构成环境的生态作用的认识,即重视住宅及多层次生活活动区域的设施环境的作用。因此,建设生态社区的目标就是强化社区作为人类生存与发展的基地作用,加强社区的自组织自我调控能力,合理高效地利用物质能源与信息,提高生活质量和环境水准,充分适应社会再发展需要,最终从自然生态和社会心理两方面去创造能充分融合技术和自然的人类居住地[①]。

三、宜居社区

20世纪60年代,简·雅各布斯开创适宜居住性运动并创建社区适宜居住性理论(community livability)。社区适宜居住性强调指居民对社区环境和社会质量的感受,主要从安全和健康、环境条件、社会交往质量、对历史文化特色的享受等4个方面来衡量[②]。1996年,联合国大会通过的"人居议程"中将"宜居性"诠释为空间、社会和环境的特点与质量。

宜居社区(livable community)是在"社区"概念基础上,结合"宜居性"理念,提出的适宜居住的人类社区。鉴于当时提出的社会背景,宜居社区讲究以人为本,是以人的全面发展为目标,其核心内容是公平问题。

整体而言,宜居社区强调多功能性、紧凑性、适宜步行性,提倡整合资源和环境,形成完善的社区邻里单元,继承与发扬了克拉伦斯·佩里"邻里单位"的理论[③]。在实践中,宜居社区发展模式主要体现为TND模式和TOD模式:TND(traditional neighborhood development)模式,即"传统邻里发展模式",提倡回归于传统邻里居住区尺度,强调在建筑与街区中的小尺度规模应用,形成亲近行人的空间,从而促进邻里交往;TOD模式,即"公交导向发展模式",以公共交通规划为导向,充分利用交通的功能来拓展社区空间。

四、韧性社区

韧性社区(resilience community)是在城市生态学、治理理论等学科理论指导下,基于社区的集体行动,能够调动内部和外部资源,以有效抵御灾害和风险并从其中恢复,保持可持续发展的能动社区。韧性社区是在全球灾害频发的时代背景下提出的,其目的与关注重点是提高社区预防和抵御灾害的能力[④]。"韧性"是英文"resilience"的

① 杨芸,祝龙彪.建设生态社区的若干思考[J].重庆环境科学,1999,21(5):18-20.
② 杨德昭.新社区与新城市[M].北京:中国电力出版社,2006.
③ 1929年,美国人科拉伦斯·佩里创建了"邻里单元"(neighborhood unit)理论。
④ 崔鹏,李德智,陈红霞,等.社区韧性研究述评与展望:概念,维度和评价[J].现代城市研究,2018(11):119-125.

常用中文译法，有时也被译为抗逆力、恢复力、复原力、弹性等。联合国国际减灾署（United Nations Office for Disaster Risk Reduction，UNDRR）认为，"韧性是一个系统、社区或社会暴露于危险中时，能够通过及时有效的方式抵抗、吸收、适应并且从其影响中恢复的能力，包括保护和恢复其必要基础设施和功能"。

五、智慧社区

随着智慧地球与智慧城市理念的相继提出，智慧社区（smart community）理念也在 20 世纪 90 年代末被提出。关于智慧社区的定义在学术界尚未有统一的定论，通常从技术和功能层面来界定[①]。在技术层面上，智慧社区要充分借助物联网和传感技术，将人、物、网络联通，形成现代化、网络化和信息化的新型社区，其中涉及建筑、家居、交通、政务、商务等众多领域的智能化和智慧化。从本质上来讲，智慧社区的运行模式就是"云"的概念。智慧社区是一个云平台，每个居民都是一个终端。在功能层面上，智慧社区是以提升服务水平、强化管理能力为目标，针对居民群众的实际需求及其发展趋势，以及社区管理工作内容及其发展方向，充分利用信息技术，实现信息采集、传输、处理和应用的智能化，从而建立社区服务的现代化管理体系，实现社区的集约化，形成资源整合、效益明显、环境适宜的新型社区。

第三节　优秀社区建设理念与最佳实践

本节通过介绍新加坡、日本社区建设的理念、特点和实践经验，为城市社区建设和发展提供经验借鉴。

一、新加坡社区建设理念与最佳实践

（一）居者有其屋计划

新加坡于 1960 年立法成立建屋发展局。1964 年，新加坡政府开始实施"居者有其屋"计划，开发中心市区，建设卫星城镇，扩大廉价住房的规模。

随着经济的发展，居住标准也逐渐提高。新加坡的"居者有其屋计划"在经历了"组团邻里中心"阶段、"棋盘式"发展阶段、配套设施完善阶段、组屋翻新阶段后，进入组屋多元化发展阶段。建屋发展局为满足不同民众需要，推出一系列新类型住宅（见图 10-2）。

---

① 蒋俊杰. 从传统到智慧：我国城市社区公共服务模式的困境与重构[J]. 浙江学刊，2014（4）：117-123.

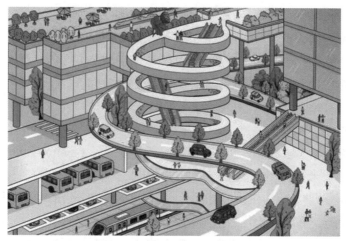

图 10-2　TOD 模式示意

资料来源：龙湖闵行 TOD，商务办公新升级 [EB/QL]. [2021-03-20]. https://sh.focus.cn/zixun/6cc8fe4fd6e7b010.html.

21 世纪以来，建屋发展局的规划和设计利用成熟的网络轨道交通系统，连接住宅、商场、学校、体育和娱乐场所，这种住宅模式被称为"21 世纪模式"，与 TOD 模式类似。总体上看，新加坡组屋建设经历了由追求数量向注重质量的转变，并不断朝更灵活、更多样、更人性化的方向发展，逐渐成熟，实现了由"居者有其屋"到"居者乐其屋"的跨越，妥善解决了住房这一对社会稳定和发展有重大影响的民生问题。

（二）邻里中心

1. 邻里中心理念

新加坡"邻里中心"是新加坡政府基于其社会文化情况进行长远考虑而构思的一种价值观念：国家至上，社会为先；家庭为根，社会为本；关怀扶持，同舟共济；求同存异，协商共识；种族和谐，宗教宽容。基于这一充满东方哲学和智慧、融合西方人文精神的规划指导思想，"邻里中心"体现了鲜明的地域和民族特色。

2. 邻里中心模式

新加坡邻里中心模式的内涵包括城市规划与社会治理两个层面。

在城市规划层面，邻里中心的内涵较为简单，其作为"邻里单位"理念的延伸，是为居民提供社会生活配套设施，服务周边居住区的规划建设模式。"邻里组团"是新镇规划的基本单位，包含着周边更多的配套服务设施。"邻里组团"中包含着邻里中心。

在社会治理层面，"邻里中心"是基层治理的政治规范。事实上，邻里中心是一种社区治理理念，旨在消除民族矛盾，超越宗教观念，促进邻里守望，发扬社区价值。新加坡邻里中心的成功离不开其独特的治理模式，这体现在通过邻里中心形成的政府管理与基层自治之间的相对稳定的平衡，使邻里中心成为国家推广共同价值观的抓手。

（三）智慧社区

在智慧社区建设方面，新加坡旨在为居民提供舒适、便捷、安全、现代化的社区环境，包括硬件和软件两方面。硬件投入包括智能停车场、智能电风扇等，软件投入包括"一站式"电子政务服务、"一键通"城市管理系统等。

1. 公共服务配套设施完善

鼓励使用公共交通工具。新加坡公共交通网络四通八达，以地铁网络和轻轨网络为骨架，以公交网络为支线和终端。社区按照"棋盘设计、严丝合缝"原则建造，非常人性化。组屋所在城镇的结构就像一个大棋盘，棋盘的中心是城镇中心，它是居民的餐饮、购物、休闲、娱乐和交通枢纽的中心。公交线路到达每个街区，使地铁站、公交车站与居民组屋之间无缝连接，且所有建筑都由无障碍的有盖长廊相连至公交车站。

2. 将居民自治作为治理核心

新加坡的社区治理模式是典型的由政府主导的居民自治模式。基层组织，包括公民咨询委员会和居民联络处，它们发挥着重要的作用。这些社会组织有不同的层次和不同的参与群体，从而使不同需求和能力的居民都能找到各自参与的渠道和平台。

3. 嵌入式居住助推社会融合

新加坡约82%的居民居住在公共住房（组屋），约94%的居民拥有自己的房产。新加坡的住房政策，不仅确保公民拥有"永久财产"，而且还避免了中低收入者因购置房产而加剧贫困。同时，组屋区通过嵌入式居住，成为民族融合、社会融合的平台，避免了住宅区的"异化"，甚至"极化"。

（四）社区建设经验总结

1. 人本规划先行，法律制度保障

为适应人民物质文化生活水平快速增长的迫切需要，新加坡政府对组屋的翻新设计与建设极为重视。作为多民族多文化的国家，新加坡的基层管理多元且难以治理。好的规划可以显著有效地缓解社会矛盾冲突，例如新加坡的公共住房政策有一多族群"嵌入式"居住规定：组屋区必须按照民族比例居住，这便利了族群之间的沟通和了解，有效减少了族群冲突。此外，政府通过更新设备与设施以满足民众对居住环境多样化的需求。并且以前瞻性的理念对社区所有硬件设施进行科学配套和规划设计，使社交、生活环境更加符合人们对现代生活的高品位追求。

作为新加坡未来社区建设的基础，组屋建设具有坚实的法律保障。法律允许土地征用使得组屋有地可建；法律稳定市场房价、公积金予以补助使得居民有屋可购；法律限定单个居民购买房屋数量使得房屋也卖得其所。从组屋建设到售卖再到二手市场交易，这一切顺利进行，法律政策可作为有力的支撑。

2. 智慧科技助力，打造宜居环境

在社区建设的60年间，新加坡致力于为居民提供一个安全、舒适、便捷、现代化的社区环境。随着科技的高速发展，智慧科技越来越多地进入社区生活，例如，有电子车位监控系统的智慧停车场、根据环境变化自动调节的智慧风扇灯等。此外，为了让居

民享受到更丰富便捷的社区生活，新加坡搭建了"一站式"服务端口和"一联通"系统，让居民通过线上平台平等地参与社区建设和社区组织活动。

3. 政府组织引导，居民内驱自治

居民作为社区的主体，最终也应该成为社区管理的主体。自治对于大部分尤其是多民族、多人口的国家地区来说，是较为理想的基层治理方法。在新加坡社区建设中，逐渐形成了"以人为本"的核心建设理念体系。从个体到家庭、到社区、再到社会，逐级递增。与传统的社区强调从上至下的管理理念不同，新加坡的社区治理理念体系以居民为主体，通过激发居民自身的社会责任感、身份认同感等积极心理，让整个社区基层持续有效地运行且富有活力。

居民自治既能减轻政府负担，又能增强社区居民的身份认同和主人翁意识，有利于培养社区和谐互助的氛围。但对于充满活力的社区而言，正确有序的引导也同样至关重要。在基层治理过程中，政府应当适当引导居民，为居民搭建一个较为完整的平台，引导社区进入一个良性循环，即调动居民参与社区正向发展建设并以良好成果再次激发居民对社区生活、建设的热情与动力。

二、日本社区建设理念与最佳实践

（一）超智能社会 5.0

超智能社会 5.0 是一个以人类为中心的社会，在这个社会中，任何人都可以享受充满活力的高质量生活。它是继狩猎社会（1.0）、农业社会（2.0）、工业社会（3.0）和信息社会（4.0）之后形成的"超智能社会"（5.0），如图 10-3 所示。它的一个定义是：在必要的时候，向必要的人提供必要的东西和服务，能够细致地应对社会的各种需求，所有的人都能接受高质量的服务，克服年龄、性别、地区、语言等各种差异，能够舒适地生活的社会。超智能社会 5.0 已成为日本政府科学技术政策倡导的基本指南，也是社会追求的基本目标。日本希望利用最新技术应对现代社会面临的各种矛盾与挑战，目的是利用日本自身优势，提供一个未来社会的范本。

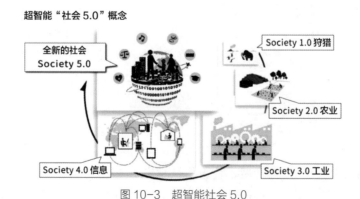

图 10-3 超智能社会 5.0

资料来源：什么是超智能社会 5.0？［EB/QL］.［2021-03-21］. https://www8.cao.go.jp/cstp/english/society5_0/index.html, 2021-03-22.

物联网、大数据、人工智能和机器人将成为实现超智能社会5.0的基础。在超智能社会5.0中，在网络空间中利用物联网平台在各个领域进行数据收集，形成大数据，这种大数据通过人工智能（artificial intelligence，AI）进行分析，并以各种形式将分析结果反馈给人类所在物理空间中。机器人参与人们的日常生活，将人们从日常基本任务中解放出来，只做必要的事务。生活将更加舒适和可持续，因为人们只得到所需数量和时间的产品和服务。日本力求使社会5.0成为现实，成为一个将这些新技术纳入所有行业和社会活动的新社会，同时实现经济发展和社会问题的解决。

（二）站城一体化开发

资料显示，仅东京23区就有轨道线路42条，轨道交通沿线随处可见的TOD项目，激活了区域经济的发展，是城市转型发展的重要支撑。据介绍，目前日本TOD领域主要有6家民营化JR铁路公司、16家大型民营铁路公司，以及三井不动产、三菱地所等房地产商。日本的TOD模式（即站城一体化）开发根据选址和轨道交通车站形式的不同，又可分为两种开发模式：一是"以枢纽站为中心的集聚式开发"，二是"与轨道交通同步建设的沿线型开发"，如图10-4、图10-5所示。

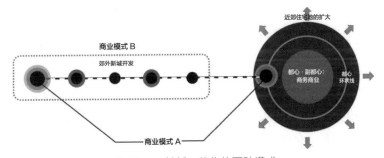

图 10-4 站城一体化的两种模式

资料来源：日建设计站城一体开发研究会 . 站城一体开发：新一代公共交通指向型城市建设 [M]. 北京：中国建筑工业出版社，2014.

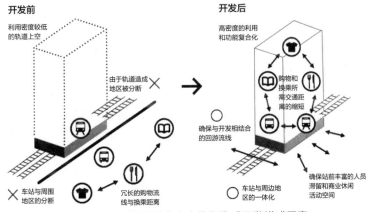

图 10-5 以枢纽站为中心的聚集式开发模式示意

资料来源：日建设计站城一体开发研究会 . 站城一体开发：新一代公共交通指向型城市建设 [M]. 北京：中国建筑工业出版社，2014.

查阅日本各 TOD 项目案例，大都是以类似的理念进行开发和规划。首先是充分利用空间价值，打造舒适的步行网络，建立多层立体步行网络，加强轨道交通与更大范围城市空间的连接与融合。其次是在功能布局上要更加注重城市的综合性功能，交通枢纽不仅仅是集散和运输中心，也是集居住、商业、娱乐和公共空间于一体的综合性区块。

TOD 模式注重未来城市更新，是面对交通拥堵和用地紧缺时的一种好的选择。它可以很好地协调城市用地规划和城市交通规划以改善交通拥堵、实现资源高效利用、制造新经济增长。

（三）韧性社区建设

所谓韧性社区，就是要具备社区韧性。社区韧性是指一个社区在面对经常性的灾害或在突发灾害后，能建立、维持或重获预期功能的能力，且这一功能的运作效果与灾害发生前相同或有所提升。韧性社区包含硬性和软性两个层面的内容，具体包括社区的社会韧性、环境韧性、制度韧性和个体韧性 4 个方面，其建设按照灾害管理系统中的准备、应变、恢复和减灾的循环优势预防模式，从硬件设施的建设与配置、软性环境的韧性提升着手，完成社区灾前预防准备、灾时应急和灾后有序重建 3 个阶段的建设工作。其中，社会韧性建设主要包括应对社区老龄化等社会问题，在社区引入年轻人群，提升社区自救能力等；环境韧性建设主要包括防灾空间、逃生路线、避难据点、应变管理中心和防灾设施的建设，以及灾后防灾型住宅的规划；制度韧性建设主要包括构建多元的社区建设机制，鼓励社区团体、社区居民、专家团队和社会组织参与社区营造建设；个体韧性建设主要包括社区居民对于防灾知识的宣传和灾后自救能力的提升。通过政策和制度的引导，促进政府、专家团队、社区组织和社区居民共同合作进行社区营造，创造自助、互助、共助的社会风尚，建设社区救灾空间，完善社区应对灾害的能力，以提升社区韧性。通过建设韧性社区，有利于维持社区在灾后的正常运作，确保社区居民的人身财产安全及城市功能的正常运转，实现城市整体的永续发展，提升城市居民的生活环境品质。

日本应对灾害和建设韧性社区的经验是从频繁的大规模自然灾害中汲取的，在经历了各大灾害后，日本不断完善应对灾害的政策和法律，并制订了相关防灾计划。日本的防灾建设经历了灾后应急基本法制建设、灾害预防体制建设、全面提升社会韧性 3 个阶段，其建设重点也经历了从政策控制到政策引导，从政府主导到多元参与，从环境强化到韧性社区的转变。随着韧性社区建设的实践不断丰富，韧性社区概念逐渐成熟[1]，如图 10-6 所示。

---

① 梁宏飞. 日本韧性社区营造经验及启示：以神户六甲道车站北地区灾后重建为例 [J]. 规划师，2017（8）：38-43.

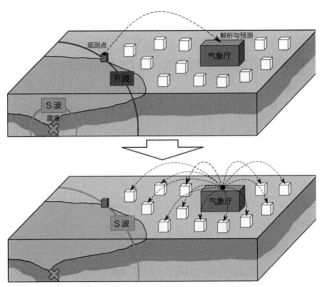

图 10-6　日本晋升地震速报系统

资料来源：预测地震要有密集观测点，间距十几千米 [EB/QL]. [2021-03-22]. https://www.thepaper.cn/newsDetail_forward_7363329, 2021-03-22.

（四）社区建设经验总结

1. 驱动智能创新，助推社会发展

日本提出的超智能社会 5.0 理念充分利用了人工智能、物联网等技术，将网络与现实紧密连接在一起，这样的高度融合使人们能更加高效准确地得到所需信息，同时信息实时更新，也给居民带来了更好的服务。超智能社会 5.0 理念的应用，将会使日本逐渐克服年龄、性别、地区、语言等各种差异，在便利居民生活的同时又解决了日本经济和社会问题。但在超智能社会 5.0 中，由于网络空间和现实世界高度融合，如果不法分子通过网络攻击，可能给现实世界带来的损害会变得严重，对国民生活和经济社会活动产生重大的阻碍。因此，日本的国家和企业在此方面应深入研究探索，发展创新，在保持网络空间和现实空间的紧密联系的同时提升两者的安全性。总体来看，在高度网络化和信息化的支持下，社会 5.0 所构建的日本未来社会不仅注重满足更好的生活方式，而且强调创新能力的激发。它希望在数据流通和融合应用的帮助下，产生新的社会服务，创造新的价值。

在疫情之下，日本政府积极推动数字医疗服务、数字政府、无现金支付及远程网络等领域的发展，这些都属于超智能社会 5.0 的政策范畴。日本民众为了避免接触和生活方便，逐渐开始接受超智能社会 5.0 中的这些数字化、信息化功能，日本政府的推广取得了不小的成果。

2. 站城一体化开发，立体可持续发展

TOD 模式的开发利用，为世界提供了一种解决交通拥堵和城市空间充分利用的方案。东京涩谷 TOD 模式的亮点就是利用了垂直交通体系，去除传统街道模式，使一幢

在站点上的大厦成为一个集各种功能于一体的复合TOD综合体；同时利用地下空间，形成地下多层立体交通网络，通过电梯和扶梯连接地上地下形成一体。这样的模式能够解决城市中存在的许多交通问题，也使人们从一个站点到另外一个站点更加方便快捷，也充分利用了城市空间。

日本政府应将TOD模式运用到更多的城市和地区，解决城市矛盾，加快构建车站和城市一体化网络。此外，日本未来站城一体化开发不仅仅局限于枢纽车站与周边区域的开发，而是同步整合人的因素，结合多种模式，进行轨道交通沿线居住区及商业区的整体规划与开发，最终形成"站城人"一体化开发模式。日本TOD模式实现了城市空间的可持续发展，提供了"站城一体化"的开发模式，值得其他国家借鉴与学习。

3. 提高社区韧性，加强应急管理

韧性社区是未来灾难多发地区的一个发展方向，韧性社区理念下的社区会有较低易损性，即灾害的发生不易对社区造成破坏，以及较高的可恢复性，即灾害发生后社区易恢复或修复。以这样的理念设计的社区会让受灾社区得到快速恢复，同时减轻经济等各方面的损失。居民高度参与社区治理，政府积极支持和引导，将社区整合成一个良好的循环体系，使社区能够快速灵活地应对危机，并且能够从危机中恢复。但建立韧性社区也需要政府支持，同时需要空地来建立各个逃生和避灾场所，那么就必将减少居民生活空间，这需要居民高度的配合与理解，也是政府需要去深入解决的问题。政府提倡增强社区韧性，建立规范韧性社区，可以有效提高社区的应急管理能力。

同时政府也可以提出在韧性社区中融入超智能社会5.0的理念，使整个社区的防灾自救系统更加数字化、智能化，且能够实时获取到最新的灾情。超智能社会5.0构想中提出，应建立灾害信息合作系统。灾害发生后，以超越地区、机构和组织的形式，收集和共享包括灾情在内的各方面数据，实现快速反应。平时，社区应灵活运用数字技术进行基础设施的维护和管理，有效应对设施老化问题。一旦发生灾害和事故，当务之急是尽快维护和恢复水电管道设施，确保灾区水电正常。韧性社区与超智能社会5.0的结合，使社区更加完善化、系统化和智能化。那么未来在遇到灾害时便能更快地得出解决和急救方案，减少损失。

复习思考题

1. 简述社区的概念。

2. 简述未来社区的内涵。

3. 试论未来社区建设的特征。

4. 未来社区的模式有哪些并简单论述。

5. 试总结国外优秀社区建设的实践经验。

第十一章

数字城市

第一节　数字城市的由来及特征

从数字城市到数字地球，再从智慧地球到智慧城市，这些具备全球影响力的重大概念的陆续发布和持续发展成为数字城市领域研究繁荣的有力助推。在这样的背景下，数字城市的概念不断迭代演化，其影响力也在不断扩大。本节主要讲述数字城市的由来、概念、主要特征及数字城市功能的介绍。

一、数字城市的由来

（一）信息化与信息社会

信息化的概念起源于20世纪60年代。所谓信息化，是指在社会经济的各个领域，广泛应用现代信息技术，有效开发利用信息资源，建设先进的信息基础设施，促进信息交流和知识共享，提高综合实力和竞争力，加快现代化发展的过程。而信息技术则是指利用计算机和现代通信等手段获取、传递、存储、处理、显示、分析和利用信息的各种技术，主要包括传感技术、通信技术、计算机技术和控制技术四大基本技术。信息化是社会生产力发展的必然趋势，信息化不仅是一次技术革命，更是一次深刻的社会革命。

目前，我国信息化建设已经取得了可喜的进展，主要体现在：信息网络实现跨越式发展，成为支撑经济社会发展重要的基础设施；信息产业持续快速发展，对经济增长贡献率稳步上升；信息技术在国民经济和社会各领域的应用效果日渐显著；电子政务稳步展开，成为转变政府职能、提高行政效率、推进政务公开的有效手段；信息资源开发利用取得重要进展；信息安全保障工作逐步加强；国防和军队信息化建设全面展开；信息化法治建设、技术标准化和人才队伍建设等基础工作得到进一步改善。

（二）数字地球

数字城市的正式提出与数字地球（digital earth）有关。1998 年 1 月 31 日，美国时任副总统阿尔·戈尔在加利福尼亚科学中心发表了"数字地球：认识 21 世纪我们这颗星球"的著名演讲。阿尔·戈尔认为，数字地球是一种可以嵌入海量地学数据的、多分辨率的、三维的地球的表达。他还提出了数字地球所需的 6 项技术，即科学计算、海量存储、卫星影像、宽带网络、互操作和元数据。数字地球的基本特征是：以信息高速公路为基础、以国家空间数据基础设施（National Spatial Data Infrastructure，NSDI）为依托，具有无边无缝的包括广泛数据的分布式数据结构；具有一种可以迅速充实、联网的地学数据库和可以融合并显示多源数据的机制；可以以不同的形式提供全球范围的数据、信息和知识方面的服务；提供一个地球空间的超媒体虚拟现实环境；不同的用户对数据具有不同的使用权限。数字地球不仅可以帮助人们更加深刻地认识人类赖以生存的地球，而且可以帮助人们解决许多最迫切的社会问题。数字地球是充分利用现有信息资源的有效途径，将成为知识经济社会中信息资源的核心，并将为"信息高速公路"提供必需的信息资源。

（三）城市信息化与数字城市

城市信息化是在国家信息化发展总体思路的指导下，以城市为主体，在政治、经济、文化、科技、教育和社会生活各领域广泛应用现代信息技术，完善城市信息服务功能，提高城市管理水平和运行效率，提高城市的生产力水平和竞争力，促进物质文明和精神文明建设，加快推进城市现代化的过程。城市信息化也是政府信息化、行业信息化、企业信息化和社会信息化在城市这一层面的缩影。

城市信息化建设涉及的内容包括城市基础网络设施建设和信息资源的开发利用、信息技术与信息产业发展、信息化人才培养，以及信息化政策法规与标准规范制定等方面，涵盖电子政务、电子商务、智能交通、智能建筑、数字社区、现代物流、公众信息服务等众多领域。城市信息化不仅将有效地带动周边地区的信息化建设，而且可为各个领域信息化、企业信息化和社会信息化的发展提供良好的环境，有力地促进社会经济的全面发展，进而提高整个国家的现代化水平。

数字城市是随着数字地球概念的诞生而问世的。数字城市一经提出，立即成为我国城市信息化建设过程中的一个新概念和热点。实际上，这一概念的提出也得益于城市信息化建设发展的需求和信息技术的进步。数字城市为城市信息化建设提供了一个亮点和目标，有力地推动了我国城市信息化建设的进程。

二、数字城市的概念

数字城市是指充分利用遥感（remote sensing，RS）技术、GIS、全球定位系统（global position system，GPS）、计算机技术、多媒体及虚拟仿真等现代科学技术，对城市基础设施和与生产生活发展相关的各方面进行多主体、多层面、全方位的信息化处理和利用，具有对城市地理、资源、生态、环境、人口、经济、社会等诸方面进行数字化网络化管理、服务和决策功能的信息体系。其核心思想是利用数字化手段，借助信息高速公路最大限度地利用信息资源，整体性地解决区域和全球所面临的经济、社会等诸多方面的问题。与智能城市和智慧城市相比，数字城市强调信息形式数字化转换，信息通过网络传播得更快更广更准。

三、数字城市的主要特征

数字城市是一种城市可持续发展的新模式，它具有使城市管理更加高效快捷、居民生活更加轻松方便等多种优点，具有如下特征。

第一，数字城市是赛博空间的无数个子集。赛博空间的概念最早由美国小说家威廉·吉布森在 1984 年出版的著名科幻小说《神经漫游者》中提出，其将赛博空间定义为由计算机生成的景观，是连接世界上所有人、计算机和各种信息源的全球极端及网络的虚拟空间。因此，作为子集的数字城市是城市空间信息和其他城市信息相融合并存储在计算机宽带网络上，能供远程用户访问的、虚拟的城市空间，它不仅可以虚拟过去，也可以虚拟现在与未来。

第二，数字城市是各种城市信息化的集大成，是对城市发展方向的一种具体化描述，其核心思想是最大限度地利用信息资源，它是城市文明进步和科学管理的重要标志。

第三，数字城市是 20 世纪与 21 世纪之交最重要的技术革命，它深刻地改变了人们习惯的工作方式、生活方式、风俗习惯和思维方式。

四、数字城市的功能

广义上讲的数字城市是指信息化的城市，是一个空间化、网络化、智能化和可视化的技术系统。因此，数字城市具有很强的技术功能。而在城市生产、生活中，"数字城市"利用数字技术、信息技术和网络技术为城市人口、资源、环境、经济、社会等问题的解决提供了重要支持，改变了城市生产、生活、管理等方式。因此数字城市的应用功能就成为数字城市技术功能的真正价值所在。因此，数字城市的功能可从技术功能和应用功能两个方面来分析。

（一）数字城市的技术功能

数字城市是以城市信息为主要研究对象，而数据是信息的载体。因而数字化就成为数字城市的基础功能，对城市信息的数字化管理技术就成为数字城市技术功能的重要体现。因此，数字城市的技术功能主要体现在以下几个方面。

第一，提供城市地理、基础设施和社会经济环境信息的采集、传输和处理功能。数字城市是对现实城市数字化的客观反映，数字化是其基本特征。根据现代城市的层次结构，在数字城市中，综合运用 3S、宽带网络、多媒体、大规模存储及虚拟仿真等技术，可实现对城市地理和社会活动层数据信息的采集、传输和处理。这是数字城市的基本功能，可为数字城市综合数据平台的架构提供数据基础。

第二，提供数据资源共享的综合数据平台。整体性和资源共享是数字城市的基本特征，数字城市的综合数据平台是其重要体现，也是数字城市运行的基础和前提。通过共享的数据平台实现对城市的管理、控制和协调是数字城市的目标。在数字城市中，通过制定相应的标准规范，对城市中地理和社会活动等数据进行处理和整合，为城市的运行和管理提供一体化、可共享的综合数据平台，是数字城市的一个重要功能。

第三，提供数字城市建设的技术和保障体系。现代城市是一个庞大、复杂、开放的系统，是国家或地区的政治、经济和文化的中心。城市的建设和管理纷繁复杂，如何把城市的各个组成部分组织成一个一体化、用数字描述的系统，是数字城市建设面临的一个重要问题。在资源整合和共享基础上实现城市各级功能的信息化，是数字城市建设的最终目标。数字城市的技术和保障体系是数字城市顺利建设和实现的前提和保证。在技术层面上，该体系为数字城市建设提供空间信息技术平台、管理信息技术平台和综合信息技术平台等，是数字城市建设技术上的保障；在保障层面上，为数字城市建设提供政策法规环境、人才与管理机构体系、技术规范与标准、数据标准与规范、安全规范与标准等，是实现城市信息资源共享的重要保障和基础。

（二）数字城市的应用功能

数字城市的应用功能是数字城市技术功能的价值所在和现实体现，数字城市的应用功能具体如下。

1. 城市信息的系统化

"数字城市"是以信息技术为支撑的数据库和信息系统，它以数字影像、数字地图为空间定位的基本信息数据，结合地下空间位置有关的信息，形成数据库，进而实现城市信息系统化。如建立城市地理和基础信息管理系统、城市综合应用系统、城市决策服务系统等。

2. 城市规划的数字化

"数字城市"具有使城市地理、资源、生态环境、人口、经济、社会等复杂系统数字化、网络化、虚拟仿真、优化决策支持和实现可视化表达等强大功能，由此使"数字城市"成为城市规划工作的一个全新的手段和工具。

3. 城市管理的综合化

数字城市的综合应用系统为城市管理的综合化提供了技术保证。数字城市综合应用系统包括政府类应用、企业类应用和公众服务类应用三方面，具体包括电子政务、电子商务、电子金融、数字企业和数字社会等。其中，数字社会主要包括数字医疗、数字教育、数字社区等与城市居民息息相关的应用与服务。此外，城市交通网络化后，还可节约市中心宝贵的土地资源，"让网络去跑腿"，提升工作效率，减少劳动力使用，降低成本，避免交通堵塞，减轻环境压力。这都为"城市病"的高效、综合化管理提供了有效途径。

4. 城市决策的科学化

信息是科学决策的依据，决策服务是信息的重要功能。辅助决策是数字城市的最高级应用，它在城市基础信息系统和综合应用系统基础上，通过对城市基础数据和应用数据的挖掘和分析，建立分析预测模型，为城市的长远规划和发展，以及生态环境建设和灾害防治等提供决策服务，为城市可持续发展提供支持和保障。"数字城市"这一全新的决策管理系统，为城市决策者、规划者、建设者提供了直接有力的帮助，有利于提高政府决策的科学性和规范性，使城市决策与管理更具高效性、前瞻性和科学性。

第二节　中国数字城市建设现状

数字城市已经成为全球的发展重点，各国城市都在进行积极尝试与布局。中国作为全球数字城市的主要实践场地正在走向世界最前沿。中国数字城市的建设，从理念到模式再到机制都有成熟的应用。云计算和大数据等技术的应用，成为城市运营的重要抓手，而数字资产也成为城市竞争力的重要构成。基于数据驱动，城市治理实现从事后决策到事前预测的机制转变。本节主要介绍我国数字城市进展及发展中存在的问题，最后给予相应的数字城市建设启示。

一、中国数字城市进展

我国从20世纪80年代初开始进行社会信息化建设的研究工作，但由于经济和技术条件所限，直到20世纪90年代中期才开始大规模的社会信息化研究与建设工作。我国数字城市建设工作主要经历了如下3个阶段。

（一）城市信息基础设施建设阶段

随着网络技术的发展，我国直辖市、省会城市和计划单列市、发达地区的县级市的一些部门和单位在20世纪90年代中期开始组建自己的局域网。从20世纪90年代末开始，在政府的强力推动和引导下，各级政府部门及较大规模的企业开始建立自己的网络平台，并不断延伸，在2004年前后已基本建成由核心（骨干）层、汇聚层和接入层构成的城市通信网络设施。我国东部城市的计算机通信网络基础设施建设，总体上比中部、西部城市起步要早，力度要大，进展要快。中部、西部城市信息基础设施建设近几年发展也很快。

（二）政府和企业信息系统建设阶段

在信息基础设施建设先行的基础上，政府和企业应用系统建设正在向前推进。20世纪90年代初启动的以"三金工程"（金桥、金关和金卡）为主要内容的办公自动化工程是迈出的第一步。20世纪90年代中期启动的"政府上网工程"，作为电子政务的实施迈出了坚实的第二步。20世纪90年代末，电子政务的发展步入了快车道。1998年4月，青岛市在互联网上建立了我国第一个严格意义的政府网站——青岛政务信息公众网。2000年9月3日，时任国务院总理朱镕基在听取有关"金关工程口岸电子执法"与"金税工程及出口退税电子化管理系统"的运行情况汇报后，要求"各级政府、各个部门都要把推进信息化当作一件大事来抓"。2001年3月，九届全国人大四次会议批准了《中华人民共和国国民经济和社会发展第十个五年计划纲要》，明确提出"以信息化带动工业化"的主张。

2002年，中共中央办公厅、国务院办公厅发布《国家信息化领导小组关于我国电子政务建设指导意见的通知》，首次阐述了电子政务的重大意义和作用，做出了具体部署，提出了具体任务，要求通过电子政务建设使中央和地方各级党委、政府部门的管理能力、决策能力、应急处理能力、公共服务能力得到较大改善和加强，初步形成电子政务体系框架。在该文件指导下，许多地方政府都将电子政务建设作为"十五"规划的重要内容。专业化的政府网站日益增多，服务内容更加丰富，功能不断增强，互动性得到了很大的提高。苏州市"信息亭"的成功设计、配置和运行很好地体现了电子政务为公众服务的特点。2006年3月24日，国务院信息化工作办公室印发了《国家电子政务总体框架》，要求全国各地、各部门信息化领导小组依据该总体框架，开展"十一五"时期的电子政务建设。在电子政务建设的推动下，东部城市的绝大多数大、中型企业都不同程度地建立了企业管理信息系统、企业资源规划系统和电子商务服务系统。

（三）数字城市整体规划启动阶段

进入21世纪以来，北京、上海、苏州等不少城市都宣布了其数字城市的计划，其中杭州市的"数字杭州"建设方案的完成就很具代表性。

2000年，浙江杭州提出"构筑数字杭州"的规划；2014年，杭州在全国率先提出"发展信息经济，推广智慧应用"的目标；2016年"城市大脑"为社会治理嵌入智慧"芯片"，并在G20峰会上成为中国首批"数字经济城市"；2018年提出打造全国"数字经济第一城"；2020年聚力打造"数字治理第一城"。历经20多年的播种，数字化已经成为杭州最鲜明的旗帜，数字化这颗种子也在杭州的土壤里茁壮成长。2021年更是浙江数字化改革的元年，各类数字APP争先出台，APP连接千万人实现共享共治已经成为常态。从"数字经济""数字生活"到"数字创新""数字转型"，"数字杭州"的建设从未停止，杭州"城市大脑"依旧在不断更新大数据、云计算、区块链、人工智能等技术，来保持数字城市活力。

数字城市的建设是一个长期的曲折的过程。目前我国数字城市的发展正处于网络基础设施的建设、政府和企业内部信息系统建设、政府企业上下游相互之间借助互联网实现互联互通、数字城市综合集成与建设初步形成并逐步完善4个时期并举的阶段。相对而言，通信基础设施的进展速度比较快；政府和企业内部信息系统建设的进展比较缓慢，水平参差不齐；政府、企业互联互通刚刚起步；网络社会、网络社区尚未形成。对我国而言，数字城市的建设重点仍是政府和企业的信息管理系统。由于各管理信息系统承担政府和企业电脑化管理体系、传统信息数字化、信息内容规范化等信息化要求，因此，政府和企业内部信息系统的数量和质量决定数字城市的成败。和国外先进国家数字城市发展相比，我们有着不同的国情，因此必须走一条适合自己国情的城市数字化道路，为我国在世界信息化领域争得一席之地。

二、中国数字城市发展存在的问题

（一）将数字城市的技术等同于数字城市的管理

数字城市的概念新颖，界定不明，在城市的数字化管理研究中，许多研究者往往有种技术至上的心态，认为只要将数字技术应用于城市管理，就等同于实现了城市的数字化管理。但对于与之相配套的、因为技术的应用改进而带来的城市管理模式和体制的变化缺乏关注，这是一种认识上的误区。

（二）理论研究滞后于实践

事实上，城市的数字化管理已经在实践中获得了巨大发展，如北京市东城区已经率先实行了以万米单元格管理法和城市部件管理法为代表的城市数字化管理，但对城市数字化管理的研究仍然停留在部分技术系统的开发上，对适应我国数字城市建设的理论与标准规范体系研究还比较缺乏。

我国数字城市发展存在的问题还有很多，如城市实现数字化管理迫切需要厘清城市数字化管理的技术基础、管理优势、管理流程、具体的管理方法等。同时还需要对数字城市的概念、标准规范、建设内容、模式、方法等做出系统的研究和规划。

三、数字城市建设的启示

（一）加强教育和宣传，强化社会各方的信息化意识

数字城市的发展着眼于从根本上建立新型的城市数字化工作、生活和交流方式，因而需要强化社会各行为主体的信息化意识，政府要不断提高领导干部和公务员的信息技术应用能力，为数字城市提供良好的发展环境。

（二）成立专门的城市管理部门，统一规划领导

"数字城市"建设与管理是一个系统工程，牵涉经济社会的方方面面，需要各方面

的密切协作，来保证建设的良性循环。这就要求各级政府必须建立全市性的有关机构，加强统一领导，协调各地区、各部门、各单位在数字城市建设中的职责，减少重复建设，促进信息资源的共建共享。

（三）制定数字城市建设与管理的政策法规

数字城市的营造，必然涉及国家机密和安全、商业秘密和个人隐私等诸多事宜，必须有相应的法律、法规的规范和保障。所以在数字城市建设的立法方面应从构建科学、完整的法律体系出发，尽快制定出相关法律、法规和章程。

（四）消除"数字鸿沟"

"数字鸿沟"是指国家或地区之间由于信息化技术发展程度不同，导致在信息的拥有量上存在"贫富不均"的情况。政府在实施信息化战略时，必须坚持地区统筹、城乡统筹，从资金投入、政策引导等方面给出一个切实消除"数字鸿沟"的计划。

数字城市作为城市发展的重要基础，其建设是一个开放的、渐进的过程，它的状况与发展兴衰将直接关系到我国城市的未来，因此，我们有必要对此予以持久的关注和研究，早日摸索出一条适合我国城市发展的数字之路、智慧之路。

第三节 数字城市建设的技术体系

从技术方面来讲，数字城市是以信息技术为核心的现代技术的高度综合体，遵循信息理论、系统理论，具有非线性与复杂性特征，其技术问题涉及面广，且多为高新前沿技术。本节系统全面地介绍了数据获取、传输、存储、处理、应用、安全技术的基本内容。

一、数字城市建设技术路线

数字城市概念源于数字地球，它是数字地球在城市建设与管理领域的具体体现，是数字地球的重要节点，建设数字城市是社会发展的必然趋势。数字城市的建设、应用与维护是一项综合性的、复杂的系统工程，数字城市建设除了要坚持正确的指导思想和指导方针外，还必须有一个科学的、先进的、实用的、可延续的、开放的技术路线，技术问题在数字城市建设中具有关键地位，客观上必须根据数字工程的原理制定科学明晰的技术策略。

数字城市建设具有长期性、战略性，采用可持续发展的计算机网络技术、地球科学技术等，以建设空间信息基础设施为基础，依照数字城市标准体系，建立城市基础信息（包括空间的和非空间的信息）共享与交换中心，并保证城市信息的更新机制具有可操作性，使得数字城市与现实城市的发展变化相对应，成为现实城市的数字城市模型，进而建成统一、集成、无缝的智能数字城市基础信息共享与处理平台（如面向电子政务、面向电子商务与现代物流、面向公众等的城市基础地理空间数据共享平台），保持与数字地球、数字中国总体框架一致的、与现实城市互动的虚拟对照体系。最后，在基础信息共享与处理平台基础之上，综合利用分布式计算、计算机网络、可视化等技术，以及各种专业模型、基础数据和非共享专业数据，实现各种行业的专题数字行业应用和高级综合应用，形成数字城市高端的功能主体，是数字城市高效率、高效益的主要体现。

二、数字城市建设技术分类

在数字城市建设过程中，会涉及并利用大量的数据，这些数据基本上涵盖城市规划、建设、管理、服务及社会经济发展的各个层面和环节。数字城市支撑技术体系的建设必须以数据资源为基础展开。

按照信息生命周期的理论，数字城市建设技术体系应该包括数据获取技术、数据传输技术、数据存储技术、数据处理技术、数据应用技术、数据安全技术。其中，数据获取技术、数据传输技术、数据存储技术、数据处理技术属于数字城市建设技术体系中的基础层，是构建在数字城市基础数据平台上的技术；数据应用技术属于应用层，主要为数字城市综合应用系统和数字城市决策服务系统提供支持；数据安全技术属于保障体系，是从数据获取到数据应用全过程的安全与保障。数字城市建设技术体系的框架结构如图 11-1 所示。

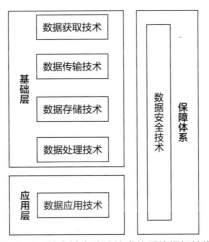

图 11-1　数字城市建设技术体系的框架结构

在数字城市建设的这几大类技术中，每一类都由若干种关键技术构成，具体技术分类如表 11-1 所示。

表 11-1 数字城市关键技术分类

分类	关键技术
数据获取技术	遥感技术、GPS 技术、数字摄影测量技术、遥测技术、卫星遥感数据的智能化获取技术、多传感器集成空间信息获取技术、城市活动空间的数据智能化获取技术
数据传输技术	宽带网络技术、移动互联技术、物联网
数据存储技术	卫星遥感数据的智能化存取技术、海量数据压缩与复原技术、空间数据库技术、分布式数据库系统、数据仓库技术
数据处理技术	Web GIS 技术、分布式计算技术、云计算、网格计算、多元数据融合与数据挖掘技术、元数据
数据应用技术	分布式虚拟现实技术、地学智能体技术、数字神经网络技术
数据安全技术	加密技术、认证技术、网络安全技术、反病毒技术

第四节　从数字城市到智慧城市

为适应经济社会的快速发展，并解决城市化发展中面临的突出问题，在新一代信息技术的广泛应用与推动下，智慧城市的出现已经成为必然趋势，这是在数字城市及智能城市发展基础之上的自然升级。与它们相比，智慧城市强调城市治理模式的变革，通过城市级整合的信息平台，实现更广泛深入的人的智慧与物的智能互存互动、互促互补，促进城市发展。目前，智慧城市在国内外已得到越来越多的认可，也开始对其进行全面的探索实践，并取得了一定的成果。本节主要讨论数字城市与智慧城市的区别与联系。

数字城市与智慧城市既有区别又有联系。

智慧城市是数字城市发展的高级阶段，智慧城市是城市信息化的 3.0 版。从数字城市到智慧城市的转变是城市信息化从以信息系统为本向以人为本转变的必然结果。智慧城市与数字城市的联系在于，智慧城市的建设以数字城市为基础，对原有的数字化技术进行拓展和升华。从历史发展阶段的角度来看，两者是城市信息化发展的不同阶段。

"数字城市"是实体物理城市在"数字空间"的映射，它与现实城市物理空间是分离的，而"智慧城市"通过物联网技术，打破了"数字空间"与现实"物理空间"之间的隔离，使二者融为一体。智慧城市的出现将会打破传统的城市观念，带来看待城市的新视角、发展城市的新思维。智慧城市、数字城市和实体城市三者之间的关系如图 11-2 所示。

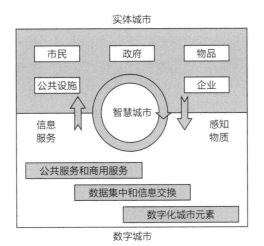

图 11-2　智慧城市、数字城市与实体城市三者之间的关系示意

表 11-2 从社会背景、实质内涵、发展目标、技术支撑和实际结果 5 个方面对智慧城市与数字城市进行了比较。

表 11-2　数字城市与智慧城市的差异

维度	数字城市	智慧城市
社会背景	信息技术和信息产业的竞争及拉动经济增长等	产业结构调整及后金融危机时代提振经济信心的引擎等
实质内涵	数字化实质是用计算机和网络取代传统的手工操作流程	用智慧技术取代传统需要人工判别的决断的任务，达到最优化
发展目标	以电子化和网络化为目标	以自动化和决策支持为目标
技术支撑	卫星遥感、互联网、海量数据、存储、仿真和虚拟等技术	运用感知技术、物联网技术、下一代互联网和云计算技术等
实际结果	实现信息资源的数字化建库管理、分析展现和共享服务等预测决策支持等	实现信息采集和动态监控、数据技术和分析、互联协同、智慧化的利用开发和预测决策支持等

第五节　智慧城市建设案例

案例一：美国智慧城市建设

2009 年 1 月 28 日，奥巴马在就任美国总统后，与美国工商业领袖举行了一次圆桌会议。作为企业家代表之一，IBM 首席执行官彭明盛明确提出"智慧地球"这一概念，希望通过加大对宽带网络等新兴技术的投入，振兴经济并确立美国的未来竞争优势。奥巴马积极地回应："经济刺激资金将会投入宽带网络等新兴技术，毫无疑问，这就是美国在 21 世纪夺回和保持竞争优势的方式。"由此可见,奥巴马政府将其重要性上升到国家政策层面。2009 年 9 月,美国中西部爱荷华州的迪比克市与 IBM 共同宣布,将建设美国第一个"智慧城市"——一个由高科技充分"武装"的 60000 人社区。通过采用一系列 IBM 新技术"武装"的迪比克市将完全数字化,并将城市的所有资源都连接起来(水、电、油、气、交通、公共服务等),因此可以侦测、分析和整合各种数据,并智能化地做出响应,服务市民的需求。2010 年 3 月,美国联邦通信委员会正式对外公布了未来 10 年美国的高速宽带发展计划,到 2020 年,让 1 亿户美国家庭互联网传输的平均速度从 2010 年的每秒 4 兆提高到每秒 10 兆。

目前,美国在智慧城市建设方面更注重各个应用领域的发展,如能源、交通、环保等,从而通过各个应用体系的智慧化建设,最终促进智慧城市建设。2010 年,美国自然资源保护委员会从能源利用方面评选出了几个智慧城市,例如奥斯汀、圣克鲁斯、迪比克等,它们在城市清洁能源利用、能源效率和节约方面比较突出。此后,美国自然资源保护委员会又从交通运输方面评选出波特兰、芝加哥等智慧城市。

美国智慧城市建设无论对其自身还是国际社会都产生了深远的影响。政府通过在宽带网络、智慧医疗、智慧电网等新一代智慧型基础设施方面投入巨资,不仅可以大大降低美国的失业率,而且还将提升美国的长期竞争优势。同时,作为应对后金融危机的城市发展策略,智慧城市的发展对于有效刺激经济复苏、为世界经济走出困境提供了有力支撑。

案例二:北京智慧城市建设

"智慧北京"是首都信息化发展的新形态,是未来 10 年北京市信息化发展的主题,"智慧北京"的基本特征是宽带泛在的基础设施、智能融合的信息化应用和创新可持续的发展环境。

(一)智慧交通

交通拥堵一直是北京市民最为头痛的事情,为此,北京市政府采取了地下交通、单双号限行等多重措施改善城市交通问题,智慧交通解决方案就是其中的一种。主要做法包括:提升车辆的智能化水平,推广车辆智能终端、不停车收费系统(ETC)、"电子绿标"等智能化系统的应用,加强营运车辆的智能化管理和调度。通过信息化手段研究三环路疏堵问题,在三环主要出入口设置感应线圈采集车辆密度和流量,同时通过整条三环路的视频拼接,了解三环路交通状况,采取疏堵措施。通过智能模拟,改变区域内红绿灯策略,还将通过视频拼接成完整的三环大路面视频,了解整条环路状况,同时以设置在各路段的无线喇叭,对行人、车辆的小事故进行语音提示和出行诱导,尽早解决问题。另外,北京着手推动相关企业构建地下、地面车库信息平台,让市民可以通过手机软件预先了解出行线路上停车场的收费、车位,以及拥堵路段的实时视频等信息,方便市民出行。

（二）重视环保

主要举措有：建设智能城市生命线管理体系，推广智能电表、智能水表、智能燃气表和供热计量器具，形成智能的电力、水资源和燃气等控制网络。不断完善节能监测体系，实现对工业、交通及大型公共建筑、公共机构等主要用能行业、领域及场所、单位的能耗监测。建设智能的土地、环境和生态监管体系，实现对全市土地利用、生态环境、重点污染源、地质资源和灾害、垃圾处理等领域的动态监测。

（三）市民卡打造智慧社区

北京推广"市民卡"（包括社保卡和实名交通卡等），使市民能持卡享受医疗、就业、养老、消费支付等社会服务。北京不断推广电子病历和居民健康档案，市民可以上网预约挂号、网上转诊等，城镇基本医疗保险和新型农村合作医疗患者持卡就医、实时结算。北京努力完善用人单位、劳动力、服务机构三方便利的"一站式"网络就业服务体系。加强基层信息化服务，完善96156社区服务平台、221信息平台、农村信息管理系统等信息系统，促进教育、医疗、就业、社保、优抚安置等基本公共服务城乡一体化。

（四）智慧教育

北京积极推进智慧教育建设，完善教育城域网和校园网工程，推动智慧教育事业发展。北京一些重点高校建设教育综合信息网、网络学校、数字化课件、教学资源库、虚拟图书馆、教学综合管理系统、远程教育系统等资源共享数据库及共享应用平台系统。市民可以在线学习，接受远程培训。这种数字化的教育，让市民更加便捷地接受最先进、最优质地教育。

（五）智慧政务

北京市积极利用新一代智能技术，提升行政能力：①以市民需求为中心整合服务。北京利用物联网、云计算、移动互联网、人工智能、数据挖掘、知识管理等技术，提高政府办公、监管、服务、决策的智能化水平，形成高效、敏捷、便民的新型政府。市民可对市政府的政策及其实施情况进行监督，可以向政府提建议和在线访谈。北京以市民需求为中心，提高首都之窗网站群、政务服务中心、政府服务热线等多渠道、多层级联动集成服务能力。北京的电子公共服务不断向基层延伸，使居民可以在社区（村）、街道（乡镇）基层服务站点办理劳动就业、社会保险、社会救助、社会福利等各种便民服务事项。②北京统筹建设政务服务共用平台。北京建设和完善空间实体可视化服务、政务云计算服务、物联网应用支撑、统一用户认证、政务信息资源数据库服务等政务服务共用平台。③以信息化为手段支撑科学管理。北京建设多级政府决策服务体系，提高党委、人大、政府、政协、法院、检察院等机关内部管理信息化水平，提高对政府机关的监察、审计和绩效考核信息化水平。

（六）物联网应用提升治理能力

北京率先在水文水质监测、供水监测、环境质量监测、污染源监测、车辆监测、交通流监测、电梯监测、一氧化碳监测等领域实现了物联网应用。在智能交通领域建成了指挥调度、交通管理、交通监控、公交服务与监测、货物运输、电子收费、交通信息服务等 80 多项应用系统；在城市管理领域建成了城市运行监测平台和覆盖城八区的信息化城市管理系统；在食品溯源、资源监测等领域也有一批成功的应用。这些应用在 2024 年世界物联网大会、2024 年世界物联网 500 强峰会、2024 年世界物联网博览会等大型活动中得到充分展示，在智慧城市、工业物联网、农业物联网、医疗健康等多个领域广泛应用。

北京发展物联网产业将以"政府为主导、企业为主体、应用惠民生"为发展产业的主要思路，按照"1+1+N"的总体架构，即 1 个市应急指挥平台、1 个市物联网应用支撑平台、多个由部门和区县建设的物联网应用管理系统和平台，依托政务物联数据专网、无线宽带专网和有线政务网络等各类相关网络，应用于市民生活的方方面面，为市民生活提供智慧化服务，让城市更智慧，让生活更美好。

（七）点滴惠民，注重民生

北京智慧城市建设方方面面注重民生，在点点滴滴中惠及人民。2012 年年底前，东城、西城等 6 个区的居民，在自家的小区内就可以缴纳燃气、水、电等费用，同时还可以在社区内进行预约挂号。从"小帮手"社区便民服务工程推进会上获悉，2013 年年底前，"小帮手"社区便民服务工程已基本实现对东城区、西城区、朝阳区、海淀区、丰台区、石景山区的全覆盖，以上地区的每个区服务站将安装一台手持型"小帮手"便携式缴费机。"小帮手"系列缴费机可为社区居民提供燃气、水、电，以及电信、有线电视、车险和物业等支付缴费服务，同时还可以提供信用卡还款、预约挂号、银行转账、票务购买、旅游服务、宾馆预订、电子结算等多项生活服务。此外，北京市还将在上述 6 个城区的每个社区服务站和大型社区出入口都安装一台"社区之窗"电视大屏，每个街道和乡镇社区服务中心及部分居民楼门内安装一台中型"小帮手"自助缴费信息机，每个街道办事处一站式办事大厅和大型社区出入口安装一台大型"小帮手"社区金融自助服务站，并为符合条件的老年人和残疾人配备"小帮手"电子服务器。

案例三：上海智慧城市建设

上海智慧城市的建设，主要集中于云计算和物联网这两大新兴产业。在云计算技术发展方面，上海坚持科技研发与经济发展并举，在全面实施"云海计划"，集中科研力量研发云计算核心技术的同时，大力发展以市场为导向的"应用云"，支撑金融核心交易、在线支付、银行卡管理等业务的"金融云"，针对中小企业难题的"中小企业服务云"，面向互动娱乐、网络视听等领域的"文化云"，以及服务范围涵盖全市居民的"云中生活"和"电子政务云"等。

在物联网发展方面，上海市着力推动物联网产业发展，打造楼宇节能、社区智能安保等示范工程，推动上海互联网中心、物联网产业基地建设。除了云计算和物联网以外，从产业角度看，上海智慧城市建设过程中还着重打造了如下几个产业：高端软件产业：以高新终端为抓手，结合行业应用软件解决方案提供商，形成产业集聚区；下一代网络产业：以光网络规模部署为核心，推出 IPv6 特色应用；车联网产业：以智能车载信息服务为牵引，探索用户需求满足的商业模式；信息服务产业：重点发展金融、航运、贸易、旅游等专业信息服务产业，以及互动娱乐、网络视听、数字出版等数字内容产业。

上海智慧城市的建设经历 10 余年，已经在多个应用领域发挥成效。例如，在智慧医疗中，上海市民均拥有自己的电子健康档案，内有个人基本信息和卫生服务记录，辅之以全市各级医疗卫生机构的健康信息网络，有限的医疗资源可以最大化地得到应用，市民健康水平也会因此获得提升。在智慧社区中，居民可以轻松地通过互联网、数字电视、移动终端等实现水、电、气费用的支付，特殊人群（如老人、残障人士）也可在家中享受到便捷的生活服务。在城市管理中，尤其是食品安全的管理，依靠先进的自动识别技术从生产流水线到物流，再到销售终端，实现了全面的安全监管和信息服务。公交站点安装的车辆信息预报系统，大大提升了运营效率和服务质量。另外，上海市在杨浦新江湾城、崇明陈家镇、虹桥枢纽商务区、奉贤南桥新城、临港新城等地，还建成一批智能电网示范应用基地，并通过智慧教育工程，推进优质教育资源校际共享及向社会开放，改变教育资源分布不平衡的现状。

建设智慧城市需要充分考虑城市自身的特点。上海是中国的经济、金融和贸易中心，对"智慧化"的要求有先天的迫切性，也有自己独到的优势。在智慧上海的建设过程中，也有一些经验规律可循。

（一）政策法规完善

根据《国务院关于印发进一步鼓励软件产业和集成电路产业发展若干政策的通知》，上海制订了相应的实施细则，调整集成电路保税、互联网服务等政策，加快发展软件和集成电路产业，积极推进信息化地方综合立法，按法定程序研究制定促进本市信息化发展的地方性法规，出台了《上海市促进电子商务发展规定》。

（二）落实规划牵引

《上海市全面推进城市数字化转型"十四五"规划》提出了上海数字化建设的目标，即到 2025 年，上海全面推进城市数字化转型取得显著成效，对标打造国内一流、国际领先的数字化标杆城市，国际数字之都建设形成基本框架，为 2035 年建成具有世界影响力的国际数字之都奠定坚实的基础。具体而言，在经济领域，规模以上制造业企业数字化转型比例达到80%，建设标杆性智能工厂200家；在生活领域，打造生活数字化转型标杆场景100个，数字化转型示范医院50个。在治理领域，"一网通办"平台实际办件网办比例达到80%，"高效办成一件事""高效处置一件事"标杆场景数量分别达到50个和35个。在底座支撑方面，建成物联感知终端数超过1亿个，开放公共数据规模超过15亿条。重点工作在于完善城市AIoT（人工智能物联网）基础设施，构建城市数据中枢体系，打造城市共性技术赋能平台，加快推动城市形态向数字孪生演进。重点聚焦3个领域推动数字化转型：以经济数字化转型助力高质量发展、以生活数字化转型创造高品质生活、以治理数字化转型实现高效能治理。同时，实施六大工程，即数字价值提升工程、数字技术策源工程、数字底座赋能工程、数字规则引领工程、应用场景共建工程、转型标杆示范工程。最终全面推进城市数字化转型，开展智慧城市建设。

（三）资金保障到位

上海市自身经济基础雄厚，2019—2023年生产总值分别为3.8万亿元、3.9万亿元、4.37万亿元、4.48万亿元、4.72万亿元。政府有能力加大对智慧城市的投资力度，落实重点项目建设，统筹资金。同时，市政府完善企业主体的多元投资和融资机制，拓宽企业融资渠道，鼓励金融机构加强金融产品和业务创新，加大对企业参与建设重大信息基础设施和重点项目的信贷支持。

（四）组织领导科技创新

为保证智慧城市建设快速高效进行，上海市政府专门成立智慧城市建设领导小组，用以协调各部门职责，协同推进各项重点工作。市级各相关机构按职责分工，细化并落实所负责领域的工作任务。各区县纷纷组建智慧城市建设专门领导小组，形成规范有序的组织领导体系，按照全市智慧城市建设的部署要求，落实所负责区域的智慧城市建设的推进工作。与此同时，加大科技创新力度，着力突破感知信息网络融合、高宽带网络、智能分析决策等关键技术。推进云计算、物联网、通信与网络等领域相关技术、应用和管理标准的建立和实施。加大对相关人才的扶持力度，引进培育一批领军型、复合型、专业型人才，形成支持智慧城市建设的智力保障。探索实施职务科技成果股权激励机制，充分调动科技人才创新创业的积极性，加强信息技术和产业领域的知识产权保护。

复习思考题

1. 简述数字城市的概念。

2. 简述数字城市的特征与功能。

3. 试论我国数字城市发展存在的问题。

4. 试论数字城市建设的启示和意义。

5. 简述数字城市与智慧城市的区别和联系。

第十二章

城市治理现代化

第一节　对城市治理现代化的认识和解读

　　城市治理现代化并不是"城市治理"与"现代化"的简单叠加，而是拥有更深层次的内涵。中国特色的社会主义道路使我国的城市治理也独具中国特色。这一特色与"完善和发展中国特色社会主义制度，推进国家治理体系和治理能力现代化"一脉相承，与新时期中国城市现代化发展水平相适应。同时，创新性是推进城市治理现代化的必然选择，运用大数据技术是城市治理现代化的必要手段，本节内容主要对城市治理现代化进行一定的阐释。

一、推进城市治理现代化的必然选择：创新性

　　进入 21 世纪以来，世界经济一体化程度加深，全球新一轮技术革命和产业变革正在兴起。与此同时，国内改革进入深水区，城市发展不断面临新挑战和新问题。城市治理现代化，需要直面这些现实问题，创造性地解决治理难题。

（一）制度创新

　　著名的制度经济学家道格拉斯·诺思认为："制度是一个社会的游戏规则，更规范地说，它们是为决定人们的相互关系而人为设定的一些制约。制度构造了人们在政治、社会或经济方面发生交换的激励结构，制度变迁则决定了社会演进的方式。"从社会学视角来看，在现代社会，制度能起到促进和规范各种城市治理主体之间互动的作用，使各主体在相互适应中形成协同效应，而协同效应反过来激励着合作节点富有活力地互动。同时，制度也能够维护信任基础，对有损公信力的行为进行惩罚。在我国，推进城

市治理现代化是与全面深化改革同步进行的，而在全面深化改革中，制度建设是具有战略性、全局性、长远性的重大问题。因此，推进城市治理现代化必须坚持在实践的基础上，以理论创新推动制度创新。制度创新不能照搬其他国家的政治理念和制度模式，而要从我国的现实条件出发创造性地推进，构建系统完备、科学规范、运行有效的城市治理制度体系。

第一，要明确城市定位、加强顶层设计。制度创新必须在正确的城市发展定位基础上做好顶层设计。城市的功能定位是解决好城市治理现代化的目标和方向的首要条件。就每一座城市而言，要在国家总体战略规划的指导下，从战略高度谋划城市发展，做好城市发展的统筹规划。主要包括：依托城市区域性特点，在意识形态、经济、文化、环保、教育等领域做好中长期发展规划，从总体上考虑和规划各个领域的改革方案，在实践中注重宏观指导，防止出现政出多门及碎片化和短期行为。

第二，要维护制度的刚性约束力。制度一旦形成，要坚决维护制度的刚性约束力，同时维护制度的严肃性和权威性，坚持制度面前人人平等。党政机关、执法部门要采取有效措施，提高科学执政、民主执政、依法执政水平。具体内容包括：建立城市治理执法流程，通过制度化建设，使得城市治理的执法部门和治理部门具有良好的信息交流和沟通机制，并且通过良好的沟通建立有效的合作机制、联合执法机制，从而使各个部门在处理城市治理问题时能够保持一致性，提高对城市治理需求的快速反应能力和执法能力；同时，要不断引导人民群众依法管理国家事务、经济社会文化事务，不断提高基层社会自治能力。

（二）理念创新

理念创新是以新的视角、新的思维模式，形成新的思想观点，用于指导新的实践的过程。城市治理现代化如果没有在观念上的创新，就没有对固有的传统模式的超越和突破；如果没有以发展的眼光对不断变化的经济社会客观实际做出动态性反应，就不能称其为创新，也就不能称其为治理现代化。理念创新重点应从两个方面做出创新性思维和判断。

第一，城市发展从"资本"驱动向"人本"驱动转变。自古以来，城市是以"市场"来聚集资本而形成发展的驱动力。到近现代时期，现代工业文明在城市中迅速发展，"货币资本""自然资源资本"为工业发展注入强大活力，进而推动城市迅速扩张，城市化迅速发展。然而，在当代，进入新旧动能转换时期，以人力资本为核心的科技创新驱动逐步代替"货币资本""自然资源资本"驱动。即决定城市发展的不是货币、自然资本，而是人力资本。其中包括人口结构、人力资源、人才结构及人文环境。一座城市的生命力取决于人才的集聚力。因而，城市治理的理念创新首要之一就是创建既适宜于人的生存与生活，又适宜于人的发展和人才集聚的城市。

第二，城市从"聚合"功能向"枢纽平台"功能转变。近现代时期，城市主要依靠交通优势和资源优势，最大限度地聚合优质资源，提高城市自我生产和发展的能力。甚至有很多城市本身就是依托自身独特的自然资源优势建立发展起来的。例如我国大庆市、美国芝加哥市，等等。但在当代，全球化、网络化、信息化发展趋势，对城市在全球市场体系、全球产业链、价值链、供应链等组成的生产网络和信息网络中的内在要求越来越严格。这意味着当今城市的基础与实力，不仅仅体现为拥有多少资源，更体现在能够使多少资源通过这个城市平台流向其他城市和世界各地。这意味着城市的"平台转换力"越强，能够承载的流动资源越多，城市在市场网络、生产网络及信息网络中所占据的地位就越重要。也就是说，当代城市"平台"越大、功能越强，现代化水平就越高。

（三）重塑政府、市场、社会之间的关系

城市治理现代化从根本性质上决定了城市发展将从管理形态转向治理形态。这种形态的转变，要求城市治理体系中各个主体按照各自的职责，在行使治理权力的过程中，遵循参与性、合作性和法治性的运行机制。这就必然带来政府职能定位的变革，带来政府与市场、社会之间关系的变革。即需要通过重塑政府、市场、社会之间的关系，来有效解决主体之间的利益冲突，形成和完善行为规范，保证政府、市场和社会主体在拥有权利的同时履行其相应的义务，从而推动实现各主体之间的良性互动。

第一，政府与市场关系重塑。重塑二者之间的关系除了遵循参与性、合作性和法制性运行机理之外，还要遵循市场经济发展规律，要发挥市场在资源配置中的决定性作用，减少政府对资源的直接配置，推动资源配置依据市场规则、市场价格、市场竞争实现效益最大化和效率最优化；政府要向市场放权，向企业放权，实行政企分开，将企业应有的管理自主权归还给企业。但也应当注意到，市场不是万能的，市场不能解决宏观经济稳定、不能自动创造良好发展环境和维护社会公平正义、不能提供普惠式基本公共服务，政府需要发挥其应有的作用。"没有一个有效的政府，不论是经济还是社会的可持续发展都是不可能实现的。"政府在向市场放权的同时，要加强和优化公共服务、维护市场秩序、加强市场监管，为市场营造良好的发展环境和秩序。

第二，政府与社会关系重塑。一方面，城市治理主体多元化的特征，决定了政府不再是独揽一切的管理机构，社会组织、社会公众作为治理主体之一，必然要参与治理。另一方面，当代社会，社会结构的转型、社会的分层与分化、社会组织的大量涌现、利益多元化、社会诉求的多样化等，使社会问题比以往任何时候都更加复杂。为了维护最广大人民的根本利益，最大限度地促进社会和谐，增强社会发展活力，确保人民安居乐业和社会安定有序，城市治理必须听取民意。因而，政府与社会关系重塑，应从"强政府、弱社会"向"强政府、强社会"转型，具体体现在3个方面：一是政府对社会从管制关系向服务关系转变。政府以群众的需求为根本、以群众满意度为导向，来确定城市发展目标、引导城市发展共识。二是在政府负责、党委领导下，扩大基层社会自治空

间，发扬社会主义民主，深入开展社区居民自治。三是与社会组织建立伙伴关系，通过完善监督和管理制度，以及政府购买服务等形式，大力培育扶持社会组织，使其发展壮大，发挥其应有的作用。

二、城市治理现代化的必要手段：大数据技术

（一）大数据时代是信息化发展的必然趋势

人类社会的信息化进程可分为 3 个时代，即计算机时代、互联网时代和大数据时代。20 世纪 90 年代中期，世界上一些发达国家已经基本度过了计算机时代。计算机的普及，解决了信息的机器可读化和数据的可计算化问题。目前，发达国家和部分发展中国家也基本走完了互联网时代的路程。互联网的建立解决了信息传递和信息服务问题，而移动互联网的发展更是将互联网时代带入了发展的高潮。在计算机和互联网的基础上，而今我们正步入一个全新的历史阶段——大数据时代。现在大数据正如浪潮一般席卷全世界，不仅在信息技术行业备受瞩目，更成为变革科研、商业、政府运作方式乃至人类思维方式的一个热点。在我国 21 世纪的城市化进程中，将伴随着"互联网＋大数据"大发展的时代，移动互联、社交网络、电子商务等极大拓展了互联网的边界和应用范围，各种数据正在迅速膨胀并变大。大数据中的大部分为非结构化数据。如何通过对这些非结构化数据加以存储、分析和利用，并从中挖掘出有价值的信息运用于社会治理，将是城市治理现代化应深刻思考的问题。

（二）大数据推动社会治理创新

大数据时代将带来数据的"跨界""融合"。即在不同行业、不同领域实现数据的跨界"大综合、大分析"，以实现在学科、技术、系统和应用方面实现"大融合"。这种数字的"跨界""融合"将极大地推动城市治理的创新和变革。

第一，大数据推动政府治理创新。随着大数据时代的到来，传统的仓储性数据功能已无法应对处理庞大数据信息的需求，大数据技术使我们能够访问和使用大规模数据集，以应对当下越来越复杂的数据分析，并作为决策制定的依据，在政府层面，大数据共享，跨系统、跨平台，跨数据结构的特征将打破政府各部门、政府与民众之间的"信息孤岛"现状，使政府在获取、处理数据及分析响应的时间上大幅缩短，从而提高工作效率，降低政府开支，政府信息的经济价值将被充分发掘。

第二，大数据促进城市治理的精准度提升。大数据时代遥感测量技术在统计调查中得到应用，将推动统计流程的大变革，并将推动物联网技术与统计调查专业、云计算技术与数据挖掘分析的结合，使数据信息平台实现大融合。通过大数据技术对大量的相关指标的分析研究，对现有的统计数据进行第三方印证、评估，不仅可以提高统计数据的质量和可信度，提高社情民意调查的精准度，还可以利用大数据对城市各领域或治理目标当前的特征、趋势及未来安全隐患多发热点等做出更为综合性、精准性的分析，从而

为实现更加精准的治理奠定科学的数据支撑，促进城市治理向更加精准化的方向发展。

第三，大数据技术提高城市治理的监督能力。通过对大数据的运用，能大大增强政府服务和监管的有效性。具体包括：通过信息技术平台高效采集、有效整合信息资源；健全政府运用大数据的工作机制，充分运用政府数据和社会数据，提高政府服务和监管的针对性、有效性；提高政府服务水平和监管效率，降低服务和监管成本；充分运用大数据信息分析技术，加强对市场主体的全生命周期监管；通过政府信息公开和数据开放、社会信息资源开放共享，有效调动社会力量监督市场主体的积极性，构建政府监管和社会监督有机结合的全方位的市场监管体系等。

（三）加快城市治理现代化进程：国家大数据战略

随着大数据时代的到来，以电子商务、即时通信、搜索引擎和网络游戏为主体的互联网经济发展迅猛，政府统计部门不再是唯一的社会统计数据拥有者和权威发布者。以社会消费市场分析为例，可以在淘宝网查询淘宝购物数据，了解居民消费状况和分析消费市场发展趋势。而不再仅仅依据传统的"社会消费品零售总额""居民消费价格指数"等统计指标。因而，大数据时代倒逼城市政府变革数据统计分析流程再造，亟须创新政务信息数据共享平台建设，亟须提高数据的挖掘分析能力。

2024年11月20日，习近平总书记在向2024年世界互联网大会乌镇峰会开幕致贺时指出，"我们应当把握数字化、网络化、智能化发展大势，把创新作为第一动力、把安全作为底线要求、把普惠作为价值追求，加快推动网络空间创新发展、安全发展、普惠发展，携手迈进更加美好的'数字未来'"。[①] 国家大数据的战略部署对加快我国城市治理现代化进程具有重要意义：第一，将有利于提升政府决策的科学化水平。按照国家大数据战略，要以推行电子政务、建设智慧城市等为抓手，以数据集中和共享为途径，完善基础信息资源和重要领域信息资源建设，形成万物互联、人机交互、天地一体的网络空间。这些举措，将有力地推动各城市信息基础设施系统加快改造和升级，推动技术融合、业务融合、数据融合，打通信息壁垒，使政府能够更及时、准确和全面地掌握经济社会动态，其决策必然更加具有科学性。第二，将有利于提升社会治理精细化水平。按照国家大数据战略要求，要形成覆盖全国、统筹利用、统一接入的数据共享大平台，构建全国信息资源共享体系，实现跨层级、跨地域、跨系统、跨部门、跨业务的协同管理和服务。这些举措，将有利于促进各城市加快大数据平台建设，使公共服务领域数据实现集中和共享，推进各领域的数据进行平台对接，形成社会治理的强大合力，加快社会治理向更加精准化方向发展的步伐。第三，将有利于推进公共服务高效化。要运用大数据促进保障和改善民生，坚持以人民为中心的发展思想，推进"互联网＋教育""互联网＋医疗""互联网＋文化"等，让百姓少跑腿、数据多跑路，不断提升公共服务均等化、普惠化、便捷化水平。这些举措和要求，将加快推进教育、就业社保、医药卫生、

---

① 习近平向2024年世界互联网大会乌镇峰会开幕视频致贺[N]. 人民日报，2024-11-21（01）.

住房、交通等领域大数据普及应用，深度开发各类便民服务，大大提升公共服务的水平和效率。

第二节　当前城市治理面临的突出问题

当前，我国城市化发展迅速，城市人口迅速聚集，城市区域逐渐扩大。与此同时，伴随着改革的不断深化，一些深层次矛盾逐渐凸显。城市治理面临的突出问题，一是治理体制自身存在结构性弊端，二是日益凸显的"城市病"使城市治理面临巨大的挑战。

一、社会治理体制存在结构性弊端

（一）"强政府、弱社会"

在城市治理实践中，城市政府在维护和增进城市公共利益的同时，也存在不断谋求自身利益的需求。由于缺乏准确的职能定位和有效的外部监督，政府直接干预资源配置、要素价格和企业生产经营，既掌舵又划桨，超越政府的职能范围等现象并没有完全杜绝。其他社会治理主体在潜意识里对政府仍然有极大的依赖性，缺乏参与社会公共事务的内生动力。在社会治理中应当起到重要作用的各类非营利性社会组织发育不完善，政府基于维护社会稳定和便于行政管理的惯性思维，对社会组织重管理、轻培育，重管制、轻服务，使社会组织发展受到很大限制，社会组织参与公共事务的自主性和参与能力不强，与政府开展平等对话与合作的能力不足。

（二）重行政性、轻法制性

重行政性、轻法制性是传统社会管理模式形成的制度依赖。制度依赖是指制度在变迁中会有一定的刚性，人们一旦选择了某种制度，就会开始受到选择的制约，习惯这种制度，也就是对制度产生依赖性，这种依赖性还会随着制度向前推进而进一步得到强化。行政性治理方式的制度依赖造成制度固化和失去活力，导致城市治理效率不高。对行政化传统体制的制度依赖具体体现在3个方面：一是政府不能彻底从"无限责任"中得到解脱，与现代化城市治理倡导的有限政府、服务政府相背离；二是政府的角色功能被放大，导致制定决策在一定程度上还存在专断性和随意性，与科学发展观相背离；三是政府未从根本上改变主观臆断的"人治"模式，结果很容易损害群众或社会利益，与依法治理相背离。

（三）基层社会自治力不足

党的二十大报告提出，"健全共建共治共享的社会治理制度，提升社会治理效能。

在社会基层坚持和发展新时代'枫桥经验'"。[①]而当前城市中以社区为主要领域的基层社会自治力不足是制约社会治理向基层下移，不能全面形成"政府治理和社会调节、居民自治良性互动"治理格局的重要因素。

而目前基层社会自治力不足的原因和特征主要有以下几个方面。

第一，社区利益主体多元化格局造成社区凝聚力不足。当前，城市各类小区的房产基本均已商品化，而且根据地价、房价的差异形成了社区的分层。社区中的利益主体包括社区居民、社区居委会组织、社区党组织、小区业主委员会、物业管理公司、驻区单位及各类非营利性社会组织等。从总体上看，各利益主体性质不同、目标不同、运作逻辑不同、权力来源不同，当面对具有公共性的社区问题时，其诉求也必然不相同，各利益主体之间的博弈呈现常态化，利益主体之间的矛盾冲突在所难免。针对复杂的社区公共事务或矛盾纠纷，需要有一个具有较高威望或公信力的核心力量把各个主体凝聚到一起协商共治。而当前我国社区正处在从政府领导的"社区建设"向"社区自治"的转型过程中，政府在社区的"领导力"逐渐减弱，而社区自治尚未完全建立，能有一个把社区多元主体凝聚起来，并能和政府衔接、和居民互动的核心组织至关重要。没有核心组织的凝聚，社区在治理形态上往往像一盘散沙。

第二，社区归属感下降造成居民参与不足。伴随着市场经济和新型城镇化的发展，城市社区人员流动性加快，打破了传统社区"熟人"社会的"差序格局"，社区居民相互间以"陌生人"居多，即便是老旧社区、单位宿舍，由于房屋产权商品化，外来流动人员越来越多，使以往社区居民对社区的认同感和归属感大大降低，居民缺乏参与社区公共事务的动力。由于居民参与的动力不足，造成多数情况下是街道办、居委会以行政化的方式动员居民参与，居民整体性参与不足，而且被动式参与多、主动性参与少，是当前多数社区居民参与的现状。第三，居民参与社区公共事务的路径不足。如果说对社区认同感和归属感差是居民参与不足的主观原因的话，那么，居民及时反映诉求和维护自身利益的路径不足则是客观原因。目前，居民反映诉求的路径不足主要体现在两个方面，一方面是服务型社会组织较少或者发育不健全，造成居民反映诉求渠道较少；另一方面是社会组织自身缺少与居委会或其他社会组织对话交流的能力和平台，不得不将居民诉求"搁浅"。

二、"城市病"对城市治理带来巨大压力

考察世界发达国家著名的大城市，其发展历史中都不乏"城市病"的困扰。国际上的相关研究显示，"城市病"一般会出现在当城市规模达到 30 万～40 万人时，如果人口突破百万大关，"城市病"就必然会存在。"城市病"引发的一系列问题，给城市社会治理带来了巨大的压力。

---

① 习近平. 高举中国特色社会主义伟大旗帜 为全面建设社会主义现代化国家而团结奋斗: 在中国共产党第二十次全国代表大会上的报告[N]. 人民日报, 2022-10-26（01）.

（一）人口集聚考验城市社会治理能力

在城市化迅速发展的过程中，只要人口集聚速度超过城市化的发展水平，就会导致城市建设与管理落后，城市基础设施供应不足，引发一系列社会矛盾，最终出现环境恶化、物价过高、交通拥挤、就业困难等"城市病"。例如，1950—1970 年，东京人口急速膨胀，由 628 万急速增加到 1140 万，人口增加、劳动力过剩、产能过剩、环境恶化、成本增加等一系列"城市病"表现突出。又如，伦敦在 20 世纪初期到中期的几十年内，人口由 400 多万增加到 800 多万，随之而来的就是劳动力过剩、失业率增加、贫民窟人数增多、环境污染、交通堵塞，人民群众生活幸福指数降到历史最低点。市场经济发展，导致不同社会阶层、不同利益主体的人口在城市集中，各种社会矛盾和利益冲突在所难免。另外，我国长期以来城乡户籍制度壁垒和城乡差别，以及人口城市化的不完善，造成我国各大城市流动人口持续增加，给城市流动人口管理带来了压力。这一系列社会问题考验着一座城市的社会治理能力和水平。

（二）交通拥堵考验城市交通治理能力

城市化的高速发展和人口过度膨胀加大了交通供给和交通需求的矛盾，这种矛盾不仅表现在交通拥堵上，还体现在由交通堵塞带来的安全、污染等众多问题上。交通拥堵成为城市的"痛疾"，一方面，它增加了人们出行的时间和成本，不仅影响整座城市的经济社会运行效率，而且降低了城市整体生活质量；另一方面，破坏了城市的整体环境，机动车数量剧增。噪声、尾气排放量增加，带来的环境污染越来越严重。解决交通拥堵成为治理"城市病"的大问题。

（三）资源配置和空间布局不均衡考验城市规划能力

改革开放以来，我国经济、社会转型对城市资源配置和空间的发展带来了深刻的变化。一方面，城市化迅速发展使城市不断向边缘扩张，以新城、开发区、工业园区等为代表的新的城市物质空间不断增加，直接导致城市人口聚集、用水、用电紧张，土地资源紧缺；另一方面，城市中心区在土地商品化和市场化的影响下，推动城中村改造、传统商业区更新、老工业区改造等，对土地利用方式和城市空间结构产生极大的影响。另外，大量集中的商品住宅区、大型购物商业楼、商务办公区的出现，使城市物质空间发生巨大的变化。在这些物质空间集聚发生变化的背景下，城市中不同社会群体的居住空间首先受到严重影响，由此带来资源的配置、空间布局出现不均衡的特征。主要表现在：一方面，城市空间资源的配置不能适应社会结构分化带来的多元化的公共服务需求；另一方面，城市空间资源受利益驱动，城市低收入人群、老龄人群、外来务工流动人群等受制于消费能力的约束，导致社会空间极化、隔离，出现同城居住资源、服务资源分配不均衡。上述表现特征如果不能及时疏解和调整，将造成物质空间与社会空间发展的矛盾日益激化，潜伏引发各种社会问题与社会矛盾的风险。能否对城市空间资源布局进行科学规划，在合理配置资源、节约资源、保护资源的前提下，实现社会公平、改革成果共享，考验着城市的顶层设计和规划水平。

（四）环境污染考验城市环境治理能力

城市化过程中工业经济发展带来大规模城市建设、区域开发和产业发展，与此同时也产生了严重的工业固体、液体、气体等废物污染，危及城市居民的生活安全、健康安全。以空气污染为例，经过研究，人们发现了大气污染对全球气候变化的影响。从地球上无数烟囱和其他种种废气管道排放到大气中的大量二氧化碳，约有50%留在大气里。二氧化碳吸收来自地面的长波辐射，使近地面层空气温度增高，这叫作"温室效应"。经粗略估算，如果大气中二氧化碳含量增加25%，近地面气温可以增加0.5°C～2°C。如果增加100%，近地面温度可以增高1.5°C～6°C。有的专家认为，大气中的二氧化碳含量照现在的速度增加下去，若干年后会使得南北极的冰川融化，导致全球的气候异常。在我国，近几年，大气污染严重困扰各大城市，影响人们生活及健康。空气中的气状污染物（包括硫氧化物、一氧化碳、氮氧化物、碳氢化合物、氯气等）、粒状污染物（包括悬浮微粒、煤烟、黑烟、酸雾、落尘等）混合在一起，造成了严重的空气污染，城市绿化、建绿透绿、防霜、治霾，已然考验着地方政府的城市治理能力。

（五）公共安全风险考验城市治安和应急处置能力

城市中各种潜在的安全风险使人们安全感弱化，幸福指数降低。例如，社会上网络诈骗、电信诈骗防不胜防；企业生产安全隐患险象丛生；食品安全问题时有发生；家庭保姆伤害老人、幼儿园阿姨虐待儿童等恶劣事件屡屡曝光；城市化发展中征地拆迁引发社会矛盾，造成集体上访、占道示威、恶性冲突等极端事件的发生等。一系列社会风险考验着城市对城市精细化治理和提供人性化服务的能力和水平，以及信息监控、依法治理和应急处理的能力。同时，对人口高度聚集的城市来说，各种自然灾害（包括火灾、地震等）更是考验着政府对重大自然风险的监测、评估能力，也反映出风险处置预案是否具有科学性、合理性、可行性，能否快速响应。

第三节 新时期城市治理现代化的新思维

"共建共治共享的社会治理制度进一步健全""提升社会治理法治化水平""提升社会治理效能"[①]是党的二十大提出的任务和目标。实现上述任务目标，不仅能够从根本上纠正当前社会治理体制中存在的"强政府、弱社会""重行政性，轻法制性"，以及基层社会自治力不足等结构性弊端，而且为"打造共建共治共享的社会治理格局"提供了制

---

① 习近平. 高举中国特色社会主义伟大旗帜 为全面建设社会主义现代化国家而团结奋斗：在中国共产党第二十次全国代表大会上的报告[N]. 人民日报，2022-10-26（01）.

度性保障。要通过完善社会治理体制，促进社会治理的社会化、法治化、智能化、专业化水平的不断提升。

一、完善社会治理体制

（一）规范党政各部门履行社会治理职能

在发挥各级党委的领导核心作用的同时，进一步明确各级政府的职责定位，落实社会治理的责任制。中国特色社会治理现代化的最大优势是中国共产党的领导。加强和创新社会治理，必须加强和改善各级党委对社会治理的领导，以满足人民日益增长的经济文化需求和安居乐业、社会安定有序为总体目的，进一步转变政府职能，建立服务型政府，搞好公共服务、公共管理和公共安全。政府要进一步放宽对市场和社会的管制，挖掘市场和社会的活力和潜力，合理划分"政府与社会"及"政府与市场"的边界，明晰政府、市场、社会的活动范围。要加强顶层设计、整体规划和统筹协调，建立健全社会治理领域权力清单制度和责任追究制度，形成权责明晰、奖惩分明、分工负责、齐抓共管的社会治理机制。

（二）坚持依法行政

法律是行政机关进行各种活动和人们对其活动进行评价的标准。依法行政是对各级行政机关提出的要求，国家机关及其工作人员要依据宪法和法律赋予的职责权限，在法律规定的职权范围内，对国家的政治、经济、文化、教育赋予的职责权限，在法定职权范围内，充分行使管理国家和社会事务的行政职能，做到不失职、不越权，杜绝非法侵犯公民的合法权益。依法行政的本质是有效制约和合理运用行政权力。依法行政原则在八届全国人大一次会议上正式确立。在党的十八届四中全会通过的《中共中央关于全面推进依法治国若干重大问题的决定》中又进一步明确提出，要"深入推进依法行政，加快建设法治政府"。习近平总书记强调："各级政府必须坚持在党的领导下、在法治轨道上开展工作，加快建设职能科学、权责法定、执法严明、公开公正、廉洁高效、守法诚信的法治政府。"[①]依法行政要求做到合法行政，即公平适用法律、法规、规章；合理行政要做到程序正当，即公开行政管理内容；严格按照法定程序要做到高效便民、诚实守信、权责统一。在当前社会深化改革、社会矛盾复杂尖锐的情况下，尤其要加强社会治理领域相关法律法规，完善城市居民委员会组织法。要运用法治思维和法治方式化解矛盾、破解难题、促进和谐。通过依法行政推进社会治理的制度化、规范化，形成上下贯通的社会治理制度体系。

（三）引导和培育社会力量参与社会治理

"党委领导、政府负责、社会协同、公众参与、法治保障"是我国社会治理体制建

---

① 习近平. 关于《中共中央关于全面推进依法治国若干重大问题的决定》的说明[N]. 人民日报, 2014-10-29（02）.

设的顶层设计。而在城市治理中要建构这样一个完善的体制，除了规范党政各部门社会治理职能、依法行政之外，当前的重点和难点工作就是如何创新思维、创新路径方法，实现"社会协同、公众参与"。第一，政府要转变思想观念，对社会力量和公众最集中的基层社会——社区的治理，要由"管理"理念向引导基层居民"自治"理念转变。要创新社会治理思路，减少指令性任务，扩大居民自治空间；第二，完善社区治理中的公民参与机制。扶持和引导社区建立畅通的群众意见表达和反馈机制，以便在制定与社区有关的公共政策时，能够及时了解社区群众的需求。这既为公民参与社区治理提供了渠道，也保证了所制定政策的民主性及科学性，以避免和减少社会矛盾，同时增强居民对社区的认同度和归属感，提高其参与治理的积极性。第三，扩大公共服务市场，通过政府购买服务、健全激励补偿机制等办法，鼓励和引导企事业单位、社会组织、人民群众积极参与社会治理。第四，积极培育和引导社会组织发挥第三方作用，通过完善政策体系，一方面鼓励和支持社会组织参与社会服务和发挥第三方监督作用，另一方面促进社会组织健康发展，规范其工作流程和内部管理、人才队伍建设等，增强其参与社会治理和与政府对话协商的能力。

二、多措并举建立共建共治共享的城市治理格局

现代都市各种"城市病"皆不是单方面因素引发的，例如，交通拥堵，其形成因素包含人口密度大、城市空间布局不合理、人口职住分离、车辆增多、道路建设和管理不适应变化需求等。因此，城市治理现代化需要具体部门负责与多部门联动并举专项整治与综合治理并举，方能有效治理城市"顽疾"，实现"共建共治共享的社会治理格局"。

（一）创建文明城市，提升城市文明度和生活舒适度

文明是人类社会生活的进步状态，是由物质文明、政治文明、精神文明、社会文明和生态文明构成的有机整体。从静态的角度看，文明是人类社会创造的一切进步成果；从动态的角度看，文明是人类社会不断进化发展的过程。城市文明则是城市的进步状态，是由城市的物质文明、政治文明、精神文明、社会文明和生态文明构成的有机整体。城市文明意味着城市具备较高的生产力发展水平、良好的人文素养及优良的社会风气等，也意味着市民具有较高的整体素质。一座文明的城市，必然是社会文明和生态文明建设协调发展，各项事业全面进步，市民整体素质和城市文明程度较高的城市。其中，物质文明是城市文明的基础，是城市发展的起点。政治文明是促进城市发展的重要杠杆，是实现经济发达、文化繁荣、社会和谐、生态平衡的重要保证。精神文明是城市在精神产品的生产领域与精神生活的过程中所取得的积极成果和进步状态的总和，它表现为教育、科学、文化、艺术、体育等的发展和人们思想道德觉悟与理论水平的提高，它是城市文明建设和发展的强大的精神动力。社会文明是社会领域的进步程度和社会建设的积极成果。生活在一个城市，人们需要良好的人际关系、稳定的社会秩序、可靠的

社会保障等。只有建设社会文明，才能为广大城市市民提供安居乐业的社会环境。生态文明是以人与自然、人与人、人与社会和谐共生、良性循环、全面发展、持续繁荣为基本宗旨的社会形态。它强调在尊重自然、顺应自然、保护自然的基础上，建设人与自然和谐共生的社会发展模式。因此，创建文明城市不仅对城市本身具有重要意义，而且对人的生存和发展也有重要的影响。

（二）做好顶层设计，合理配置资源和空间布局

当前应将城市社会空间的发展需求、功能升级与结构优化贯穿城市物质空间建设的始终，避免由于城市物质空间分布不科学造成的城市社会空间配置不合理。因此，探索城市物质与社会空间的耦合与协调发展是我国城市空间结构有序转变的重要实践研究。

政府作为城市经营的主体，通过一系列公共政策的实施，在城市物质与社会空间耦合的过程中发挥着重要的作用。如政府的旧城改造、新区建设、在城市中的地域开发计划、市政府的搬迁等，不仅会导致城市物质空间结构发生改变，同时也会促使人口分布的空间重组，从而影响城市物质空间与社会空间耦合。政府可以通过全面改造、综合整治等方略，减少社会空间矛盾，促进城市物质空间与社会空间耦合。

城市发展的根本目标是为城市居民创造良好的居住生活环境，而城市规划的本质即为实现城市发展的最终目标，也就是满足不同社会群体的生活需要，创造能够满足不同社会群体的空间环境。为此，城市规划理论与实践必须改变过于重视物质空间的现状，要统筹考虑社会空间和合理性，要关注城市社会问题的解决，要保障公众利益和弱势群体的社会公平。通过用地的调整来重点解决居民的就业住房和公共服务设施均等化的问题。

（三）运用网格化管理，推进社会治理重心下移

社区网格化治理是运用数字化、信息化手段，以街道、社区、网格为区域范围，以事件为管理内容，以处置单位为责任人，通过城市网格化管理信息平台，实现市区联动、资源共享的一种城市管理新模式。从目前多地社区社会管理实践看，网格化在推进基层党组织建设、推进基层社会服务体系、推进政府管理的下沉和基层群众自治等方面切实起到了积极的作用。按照党的十九大"加强社区治理体系建设，推动社会治理重心向基层下移"及党的二十大"完善网格化管理、精细化服务、信息化支撑的基层治理平台，健全城乡社区治理体系"的指示精神，今后网格化治理应进一步推动社会管理和服务向末端化延伸，构建扁平式、网格化、全覆盖的基层社会管理体系。要进一步科学划分网格区域，搭建完善服务平台，推进社区社会管理精细化、集成化。

（四）畅通城市道路，提升城市运行速度

城市交通运行效率是城市运行效率的重要组成部分。交通运行效率的提升对加快城市运行效率有着直接的影响。当前城市道路交通拥堵问题不仅拖慢了市民的生活节奏，增加了居民的出行时间和成本，也影响了整个城市的发展效率。加强对城市道路交通运

行效率的治理，要用科学的手段，从多维度视角研究城市交通拥堵问题，不仅着眼于"治病"和克服弊端，还应当具有宏观视野，着眼于不断提高城市交通系统的整体功能，使之走上全面优化的道路治理格局。

（五）加强智慧城市建设，推进城市治理现代化

智慧城市是未来城市发展的新理念和新实践。从城市演进路径来看，智慧城市是继数字城市和智能城市后的城市信息化高级形态，是信息化、工业化和城镇化的深度融合。从城市发展内涵上来看，智慧城市是城市经济转型发展的转换器，是一种具有新特征、新要素和新内容的城市结构和发展模式。当今社会已步入人与人、人与机器、机器与机器实现互联的"联网"时代，大数据成为撬动城市全面发展的新支点。当城市在信息化基础设施建设、数据资源积累、数据应用承载平台等方面已经发展到一定阶段之后，基于数据驱动城市治理便成为必然的选择。在智慧城市建设中，利用大数据技术创新社会治理，一是要实现社会信息平台化。通过数字平台建设，把来自城市各个主体、行业层面的数据信息资源进行整合分析，一方面提升城市管理能力，另一方面拓宽参与渠道，推动多元主体广泛参与城市治理。二是要实现城市服务智慧化。城市治理的最根本的目的是以人为本、服务居民。

第四节　城市体检

为了城市能够健康发展，"体检"一词进入了城市规划工作者的视野，随着大数据、新技术的发展，对城市进行全面体检成为可能，并逐渐成为保证城市健康运行的重要环节。随着城市体检评估机制的完善，城市发展中的突出短板将加快补齐，我们的城市必将更健康、更安全、更宜居，成为人民群众高品质生活的空间。本节包括城市体检的提出、中国城市体检的作用及城市体检指标设计逻辑框架等内容。

一、城市体检的提出

2015 年 12 月，中央城市工作会议首次提出"建立城市体检评估机制"的要求，要求提高城市的承载力和抵御自然灾害、风险的韧性，推进城市健康有序高质量发展，建立常态化的城市体检评估机制。2017 年，中共中央和国务院在批复北京市和上海市城市总体规划时，明确提出"要建立城市体检评估制度，建设没有'城市病'的城市"。住房和城乡建设部 2019—2021 年连续三年发函推动地市开展城市体检工作，要求各地加快建设城市体检评估信息平台，完善城市体检数据管理、综合评价和监测预警等环节。

定期体检，能够帮助人们及时了解身体状况、守护健康防线，城市体检也一样。自

然资源部发布《国土空间规划城市体检评估规程》提出"一年一体检，五年一评估"的工作要求，以及时发现城市空间品质方面的短板和风险，为政府决策提供参考。

规程从安全、创新、协调、绿色、开放、共享6个维度设置了城市体检评估指标，涵盖了如城市内涝严不严重，城市交通拥不拥堵，中小学学位配置均不均衡，医疗、养老设施够不够，人均住房面积达不达标，菜市场分布便不便利，绿化是否有改善等与居民日常生活息息相关的方方面面。

通过定期体检和评估，一方面能够及时查找发现城市发展和规划建设管理方面已有的问题，精准施策，及时调整，尤其要把对环境要素的考量融入解决方案。另一方面，对未来可能产生的问题防患于未然，从末端治理转为源头管理，从规划设计层面加以统筹。

以城市体检评估指标体系中的"绿色"为例，城镇生活垃圾回收利用率、绿色交通出行比例、空气质量优良天数、单位GDP二氧化碳排放降低比例等具体指标要求，不仅与人民群众的获得感、幸福感、安全感息息相关，更与"十四五"规划纲要推动绿色发展的相关要求，以及"十四五"时期深入打好污染防治攻坚战的多项目标任务高度一致，具有系统性、操作性。

二、城市体检的作用

2015年，在中央城市工作会议上提出"城市工作要把创造优良的人居环境作为中心目标，努力把城市建设成为人与人、人与自然和谐共处的美丽家园"。会议为宜居城市的建设提出新课题、新方向和新内容，也为城市体检工作提供了启示。2017年，"建立'城市体检'评估机制"被正式提出。2018年，北京率先完成了城市体检工作，给其他城市起到了"样本"作用。2019年，住房和城乡建设部在福州等11个城市展开了城市体检试点工作，城市体检的研究也开始受到国内学者的关注。2020年，住房和城乡建设部在全国36个样本城市进行了"防疫情、补短板、扩内需"为准则的城市体检工作。近年来，城市自身发展的需求为实现可持续发展的城市建设理念，拓展出许多新的发展方向。比如，"精明增长"和"紧凑城市"的发展理念主张新常态下的城镇化由增量扩展模式向精明化的存量模式转变，提倡土地功能的混合使用以提高土地使用效率，"城市品质"则要求城市既要有外在的城市风貌特色，又要体现其内在城市文化精神，还要有较好的社会经济基础和完善的城市基础设施，体现了城市内在精神品质和城市风貌的统一。"美丽城市"则把生态文明建设放在突出地位，融入经济建设、政治建设、文化建设、社会建设各方面和全过程，实现永续发展。

城市体检能够推进城市治理体系和治理能力的现代化，实现由事后发现、检查和处理问题向事前监测、预警和防范问题转变。城市体检的主要作用具体表现在：一是推动城市发展的内涵回归以人为本，凸显以人民为中心的基本理念；二是改变城市发展方式由粗放型、规模扩张向内涵型、高质量发展转变；三是促进城市工作重点由重项目、重建设和重硬件向建设、运营和管理并重，软硬件运维和优化相结合转变；四是推进城市治理体系和治理能力的现代化，实现由事后发现、检查和处理问题向事前监测、预警和防范问题转变。通过这些作用，最终提高城市人居环境水平，推动城市高质量发展。

针对检查出来的问题和短板，可以即检即改、边检边改，如对垃圾的分类处理，既是资源环境问题，也是社会治理问题，需要"产学研用"相结合，从源头分类、全程减量、梯级利用、安全处置、智慧监管等环节形成全链条的配合系统，形成可操作、可复制、可持续的有效模式。而要从根本上解决上述问题，就需要城市管理者聚焦问题、靶向治疗、多方会诊、综合施策，从根本上解决系统性问题，进而补齐城市发展的短板和弱项，健康城市肌体，增强城市活力。目前，我国城镇化率已突破 60%，城市建设的重点已转入对存量的提质增效阶段，城市快速发展伴随着我们要从"大拆大建"的外延式扩张向"精明增长"的内涵式增长转型，在这一背景下，城市体检就构成了城市创新型治理的一个重要手段，也是支撑未来城市高质量发展和精细化管理的有效手段。通过不断满足人民群众对城市环境多元化、高质量的诉求，提升公共服务水平，能够增进民生福祉，让城市变得更加宜居、更加美好。这既是时代要求，也是人民群众的期盼。

三、城市体检指标设计逻辑框架

"城市病"已经不仅发生在大城市，也逐渐蔓延到二、三线城市，表现形式也趋于多样化。建立科学全面、适用性高、作用性强的城市体检指标体系，可为城市发展定位对比分析和准确评估提供有效支撑。城市的发展要本着"人民城市人民建，人民城市为人民"的宗旨，及早发现城市规划管理建设中的问题，补齐短板和不足，满足人民群众对医疗、教育、养老和其他公共服务的需求。

（一）城市"生命有机体"及系统运行

城市就如同有机生命体一样，由不同的系统构成，包括生态系统、交通系统、产业系统、通信系统和能源系统等，这些系统维系着城市的运行。要判断城市是否有"城市病"，也需要对城市进行体检。体检过程类似人类生命有机体体检，首先对城市的各个系统进行基础检查；再对不同系统或不同城市层级进行专项检查，根据城市自身需求或特点进行特色检查，对检查后的各项城市运行指标进行评价与诊断；然后根据诊断结果得出城市体检的结论；最终制定城市治理方案。为维护城市在一个较良性的状态下的生存和发展，推动城市的可持续发展，城市需要像人类生命有机体体检一样，进行常态化监测和分析，及早发现问题、分析原因，找出症结，及早破解。

（二）城市体检各指标的关系

宜居、特色、包容、创新、健康、安全、便捷、有序是推进城市高质量发展的核心内涵，也是美丽城市建设的目标，城市体检的指标选取就是从以上八大维度产生；城市体检的各指标间是相互平行、相互完善和相互促进的关系。城市要朝着高质量方向发展，需要兼顾到方方面面才能更好地满足居民对美好生活的需求；另外，城市与城市之间会存在许多差异，需要在指标体系中将各个城市自身的属性和特色展现出来。这就要求我们在厘清城市体检各指标关系时思考以下两个问题：一是城市体检的指标体系如何能够更好地反映新发展理念，实现"人民城市为人民"的目标。二是如何处理好一般性指标和特色性指标的关系。针对这两个关键性问题，住房和城乡建设部在对全国 36 个样本城市进行城市体检时，依据"基础性指标+地方特色指标"的开放性和全面性原则进行指标取样，基础指标主要考虑老百姓日常生活的舒适性和出行的便利性，城市的风貌特色、生态宜居性、对不同人群的包容性及城市抵御风险时的韧性等全方位的指标，这些作为通识性或一般性指标，适用于所有参加体检的城市；地方特色指标则是指各种城市可以根据城市自身的特色，增加一些本地化的体检指标。这样既解决了测度城市建设和高质量发展的一般性指标，也充分地反映了各城市应有的特色性指标。

（三）不同空间尺度体检指标的设计

城市体检是一项巨大的系统工程，不仅涵盖要素极多，而且涉及不同层级，各层级的体检是有区别的。从地理尺度关系上来看，"城市—城区—街道—社区"存在层层嵌套的关系，"城市"进行体检了，其包含的城区、街道、社区作为城市重要组成部分，也同样需要进行体检，且体检内容有所差异。从体检模式来看，城市体检不是只是停留在查找问题层面，而是以破解问题、根除问题为根本目标，因此，城市体检应该遵循自上而下和自内而外相结合的模式。从城市体检关注的重点来看，城市层级的体检更偏向于探究城市发展方式、城市转型及城市定位等方面的问题，城区层级则更关注公共服务、功能配套空间布局和功能品质提升的问题，街道和社区层级则侧重关注居民实际生活需求，深入挖掘生活配套和居民生活的问题。从体检目标来看，城市层级侧重于通过指标衡量城市定位和城市规划等方面的执行情况，城区层级则是探究城市层级的发展规划具体落实情况和现有问题，而街道和社区层级则是更多地探究与城市居民相关的生活需求和目标。

1. 城市层级的体检

城市层级的体检首先是紧扣城市高质量发展的内涵，贯彻以人民为中心的发展思想，对标城市的目标、定位、转型及其当前发展方式进行体检。比如，南京以"创新名城、美丽古都"为城市定位，城市文化"厚度"和创新能力便成了重点体检项；长沙提出建设"儿童友好、老龄关爱、青年向往"的城市，在体检时城市的教育设施、养老设施、房价可接受程度、工作机会和创业空间等方面是长沙城市层面体检的重点关注项。所以，城市层级的体检更多地要与其规划发展方向和城市发展方向相衔接，侧重顶层性的体检。

在长沙城市体检经验分享中，长沙市城市体检的组织单位是城市人居环境局，这是目前中国唯一的一个城市人居环境局，跟其他组织是不一样的。体检流程主要为：①规则的梳理，即系统地梳理各方面的文件；②体检基本指标体系构建；③数据采集与现状调查。

城市体检主要是诊断城市病，这个目标在建设过程中是很明确的。体检范围涵盖长沙全市六区一县及两个代管县级市。在指标体系方面，基于住房和城乡建设部的 36 个推荐指标，长沙市还依据其他指标体系增补指标 11 项，总共 47 项，分为 8 个类别来进行城市体检。这里面比较有特色的，例如，在城市生态宜居方面，有城市提出城区噪声平均值这样的指标；在交通便捷方面，有平均通勤时间和公交站点覆盖率等指标；此外还有儿童友好指数、老年关爱指数、青年向往指数等，这些指标在体现城市活力方面非常重要。

在数据获取方面，主要方式有：①实地调研；②大数据的采集；③问卷调查。和其他城市不一样的是，长沙针对其特有的城市健康指数进行综合性评价。数据主要涉及统计数据下的健康指数、问卷数据下的健康指数及综合城市健康指数。通过将三者赋予不同的权重，计算得出城市健康指数。

为做好城市体检工作，长沙市从以下方面对体检工作加以推进：一是加强组织保障，长沙市积极落实该项工作；二是搭建工作班子，长沙市城市人居环境局就是为了这项工作的开展而组建的；三是落实经费保障；四是加大专业支持；五是启动平台建设；六是营造浓厚的工作氛围。

2. 城区层级的体检

城市的规划、发展目标和发展方式等需要具体落实在城区层级上，城市体检同样如此。区级层面的城市体检是对"城市病"根源的细化探究，需对城市功能及城市建设重点工作等情况进行详细摸查。指标方面基本沿用市级层面的基础性和关键性指标，也应根据部分区域的特点增加特色指标。如北京西城区在开展城市体检工作时指出各城区层级的体检需要考虑各区的功能定位，在共性指标上与其他城区进行对比，在城区特色指标上进行完成度评价。城区层级的体检促进了城市的精细化管理和效率的提升，对城区的公共服务和功能配置加以完善，利于城区特色的保护和传承。

3. 街道层级的体检

街道层级作为城市规划的基础单元，在城市协调发展时，街道也会有不同的发展定位，而且土地的区位差异也会使其功能出现差异，导致在生活配套、公共基础服务设施及土地利用等方面存在较大的异质性。因此在进行城市体检时，街道层级应该更加关注于生活配套设施的问题筛查。从已有的深入到街道层级的城市体检研究来看，街道层级的基础公共服务设施的落后是造成城市管理低下的重要原因，街道也是民声民意的重要载体，对落实好城市精细规划及城市更新有重要意义。

4. 社区层级的体检

随着城镇化的加速推进，居民生活方式发生了改变，社区在城市建设、治理和综合管理中的角色已经非常重要。2017 年，中共中央、国务院颁发并实施的《关于加强和完善城乡社区治理的意见》将社区治理提到了更重要的位置，明确提出要加强社区居民的参与能力、优化社区资源配置和改善社区人居环境。可以看出，社区是居民生活的重要载体，社区的管理、规划、建设和环境治理等与居民息息相关。社区也是城市建设的缩影，城市体检时，深入到社区层级进行体检是至关重要的，社区层级应该更多地关注居民的生活满意度、居民生活设施的配套情况和空间布局的完整性等方面的体检。

第五节 城市治理现代化案例

案例：海口市城市体检的技术探索

海口市是海南省省会、国家历史文化名城、国内知名的滨海旅游城市，近年来正按照海南自由贸易港战略加快推动城市高质量发展。海口市于 2019 年获批全国首批城市更新体检试点城市，并持续两年开展城市体检，指导城市人居环境品质提升工作。海口市城市体检主要从以下几个方面进行了技术方法的探索。

（一）构建特色体检指标体系和评价标准

海口城市体检在住房和城乡建设部推荐的城市体检基础指标体系的基础上，围绕建设"中国特色自由贸易港"的国家战略和"国际化滨江滨海花园城市"的城市愿景，参考国内外相关指标体系，增补 12 项海口特色体检指标，形成海口城市体检特色指标体系。增补指标主要集中于对营商环境、对外开放、绿色生态城市、旅游城市品质等方面开展评价。海口城市体检参考了国家的相关规范标准、国内外相关城市评价指标体系、新加坡等国际先进城市发展情况，综合确定海口体检各项指标（基础指标＋特色指标）的目标值，进而计算得到体检指标的无量纲化标准值，为后续识别城市问题提供了客观依据。

（二）全面评价与专项评估相结合

海口城市体检根据海口城市体检特色指标体系，从生态宜居、健康舒适、安全韧性、交通便捷、风貌特色、整洁有序、多元包容、创新活力等 8 个维度对城市人居环境开展全面评估。同时，针对海口城市发展和市民重点关注的突出问题，海口城市体检在自贸港建设成效、城市内涝治理、完整居住社区建设等方面开展专项评价，识别存在的不足并分析问题产生的原因。以完整居住社区评价为例，海口城市体检构建了包括交通便利、高品质生活、教育服务、医疗服务、用地效率等 5 个方面的完整社区评价体系，对全市所有城市社区单元开展了人居环境专项评价。

（三）加强公众参与，多种方式调查居民满意度

海口城市体检采用多种方式调查市民对城市人居环境的主观满意度，总结居民不满意和重点关注的热点问题。一方面充分利用移动互联网平台，线上投放调查问卷，提高

调查效率，在 2019 年，城市体检共回收有效调查问卷 5000 多份，充分调查市民对城市人居环境各方面的态度。另一方面，对接海口市"12345"市民服务智慧联动平台，分析日常电话和网络热线投诉及咨询数据，了解居民关注的热点问题。

（四）积极利用新数据、新技术开展城市体检

海口城市体检工作以政府统计数据为基础，探索整合网络大数据、行业专业数据、遥感数据等多源数据，共同开展体检。同时引入手机信令分析、互联网数据抓取与可视化、街景图片识别、人工智能等新型技术方法，建立相关城市评估模型，分析识别城市人居环境问题，提高体检分析的智能化水平。

（五）对症下药，提出城市品质提升项目库

海口城市体检结合评价结果，针对城市突出短板策划一系列整治项目，形成城市品质提升项目库。其中，在城市层面，从生态城市、公交都市、公园城市、韧性城市、魅力城市等 5 个方面，提出城市内河水体环境治理、城市断头路及微循环路网改造、海口湾畅通工程、海秀公园等综合公园建设、五源河文化活力区提升工程等 30 余项治理项目。在社区层面，提出重点推进完整居住社区和老旧小区改造专项工作。

（六）同步建设城市体检信息系统

海口城市体检同步建设了城市体检信息系统，服务于海口市政府及人居环境建设相关部门，持续跟踪城市体检指标，监测城市运行状态，提示城市健康预警，辅助政府决策。该系统整合体检过程各类多源数据，形成体检数据信息库；开发基础数据管理、数据自动计算分析、体检结果可视化展示、智能评估模型、部门指标数据填报收集等功能模块。同时，该系统按照数据共享、功能协同原则与海口"城市大脑"等已有信息化平台进行对接，协同开展智慧体检，探索智慧城市在城市人居环境建设中的新型应用场景。

复习思考题

1. 简述城市治理现代化。
2. 简述当前城市治理面临的突出问题。
3. 试论新时期城市治理现代化的新思考。
4. 什么是数字城市？
5. 试论中国城市体检的作用。
6. 简述城市体检的方法。

参考文献
References

鲍海君，曹伟，叶扬，等.数据驱动的国土空间规划：理论、范式及趋势[J].中国土地科学，2024,38(1):53-63.

陈娟.政府公共服务供给的困境与解决之道[J].理论探索，2017(1):92-98.

陈荣卓，肖丹丹.从网格化管理到网络化治理：城市社区网格化管理的实践、发展与走向[J].社会主义研究,2015(4):83-89.

崔功豪.中国城镇发展研究[M].北京：中国建筑工业出版社，1992.

丁成日."经规""土规""城规"规划整合的理论与方法[J].规划师,2009,25(3):53-58.

丁元竹.对建立和完善社会管理体制的若干思考[J].中国行政管理，2007(9):14-17.

葛恒云.关切民生：走向当代的马克思主义传统[J].江苏大学学报(社会科学版)，2009，11(1):1-7.

谷继建，方玉婷，唐渝，等.中国城市化维度中小城镇与大都市：分工与协作[J].生产力研究，2010(5):124-126.

国家发改委国地所课题组，肖金成.我国城市群的发展阶段与十大城市群的功能定位[J].改革，2009(9):5-23.

郝庆.对机构改革背景下空间规划体系构建的思考[J].地理研究，2018,37(10):1938—1946.

何显明.复合联动：城市治理创新的逻辑与现实路径：基于杭州上城区实践的个案分析[J].中共浙江省委党校学报，2015,31(4):29-36.

侯作前，周鲁耀，王茂庆.论"法德并进"的社会治理模式：理论基础、经验与展望：以杭州探索为例[J].法治研究，2013(1):110-120.

黄金辉，程治中.构建以大都市圈为主导的中国城市化模式研究[J].理论与改革，2004(2):84-86.

姜坤.提升吉林省基层社会治理能力的路径探析：以韧性社区建设为视角[J].长春市委党校学报，2021(1):19-21.

雷玉琼.中国政治改革的政策过程分析[J].理论探讨，2005(5):118-121.

李红强，林倩，林雄斌.债务化解视角下城市基础设施投融资体系重构研究：基于宁波市的调研[J].金融理论与实践，2021(6):39-45.

李连仲.中外城市郊区化发展异同[J].城乡建设，2004(10):73-75.

李庆钧.社会利益关系的法律控制与和谐社会的构建[J].南京社会科学，2005(11):81-86.

李彤.论城市公共安全的风险管理[J].中国安全科学学报，2008(3):65-72,179.

李文军，张欣."地摊经济"下的城市基层治理转型：从运动式管控走向包容性治理[J].新疆社会科学，2020(6):134-142.

李兆瑞.社区治理结构"逆扁平化"层级扩张的逻辑研究[J].宁夏社会科学，2021(3):154-162.

刘佳佳，傅慧芳.城市生活垃圾分类治理：政策过程与政策执行的多维分析：基于多案例的研究[J].青海社会科学，202,(5):113-121.

刘士林.我国城市发展现状与展望[J].中国国情国力，2021(3):14-18.

刘玉亭，王勇，吴丽娟.城市群概念、形成机制及其未来研究方向评述[J].人文地理，2013,28(1):62-68.

刘月怡，谢明.城市基层治理"软硬兼施"的政策执行逻辑[J].兰州学刊，2021(11):83-93.

刘占全.我国政府危机公关管理的重大制度创新：解读《国家突发公共事件总体应急预案》[J].公关世界，2006(5):37-39.

马庆钰.欧洲福利国家公共服务对我国的启示[J].天津行政学院学报，2004(4):24-28.

沈志联.新时代背景下国土空间规划的历史使命和体制响应[J].中国名城，2019,(11):12-16.

唐明凤，吴亚芳.基于创新生态系统视角的韧性社区建设与治理研究[J].湖南社会科学，2021(1):96-103.

田艳平.现代城市管理导论[M].北京：北京大学出版社，2024.

王春艳.美国城市化的历史、特征及启示[J].城市问题，2007(6):92-98.

王欢明，陈佳璐.地方政府治理体系对PPP落地率的影响研究：基于中国省级政府的模糊集定性比较分析[J].公共管理与政策评论，2021,10(1):115-126.

王建国.从理性规划的视角看城市设计发展的四代范型[J].城市规划，2018,42(1):9-19,73.

王磊，沈丹，庞玉萍.全球化视域下的中国城市群动力机制与治理挑战[J].区域经济评论，2013(4):113-120.

王伟.国土空间整体性治理与智慧规划建构路径[J].城乡规划，2019(6):11-17.

魏旭红，开欣，王颖，等.基于"双评价"的市县级国土空间"三区三线"技术方法探讨[J].城市规划，2019,43(7):10-20.

吴海波.设计未来：论主动设计观对未来人类社会可持续发展的战略意义[J].设计艺术研

究，2012，2(6):9-15.

吴寒天，刘柳.东京都市圈"高等教育枢纽"发展成效及其理论生发价值[J].比较教育研
究，2022（11）:15-23.

吴良镛.历史文化名城的规划结构、旧城更新与城市设计[J].城市规划,1983(6):2-12,
35.

吴湘玲，王志华.我国环保NGO政策议程参与机制分析:基于多源流分析框架的视角[J].
中南大学学报(社会科学版),2011,17(5):29-34.

肖达，关颖彬，蒋秋奕.面向复合国土空间分层管理的国土空间总体规划编制思路:以矿
产能源空间为例[J].城市规划学刊,2021(1):67-73.

谢恒，单海鹏.城市市政公用设施固定资产投资影响因素及地区差异研究:基于河北省
2001—2010年省际面板数据[J].经济问题,2013(10):109-113.

谢志强，姜典航.城乡关系演变:历史轨迹及其基本特点[J].中共中央党校学报,2011,
15(4):68-73.

徐晓林."数字城市":城市政府管理的革命[J].中国行政管理,2001(1):17-20.

杨宏山.城市管理学[M].3版.北京:中国人民大学出版社,2019.

杨宏山.发达国家的大都市区管理模式及其启示[J].中州学刊,2005(1):99-102.

杨宏山.全球视野中的地方治理发展趋势[J].广东行政学院学报,2005(3):30-34.

杨素卿.面向规划管理的城市设计应用[J].智能城市,2018,4(18):61-62.

杨昔，杨静，何灵聪.城镇开发边界的划定逻辑:规模、形态与治理:兼谈国土空间规划
改革技术基础[J].规划师,2019,35(17):63-68.

姚士谋，武清华，薛凤旋，等.我国城市群重大发展战略问题探索[J].人文地理,2011,
26(1):1-4.

姚永玲.城市管理学[M].2版.北京:北京师范大学出版社,2017.

于洪俊，宁越敏.城市地理概论[M].合肥:安徽科学技术出版社,1983.

郁鸿胜.崛起之路:城市群发展与制度创新[M].长沙:湖南人民出版社,2005.

张波，刘江涛.城市管理学[M].北京:北京大学出版社,2007.

张波.现代城市管理学基础教程[M].北京:国家行政学院出版社,2009.

张诗雨.发达国家城市化发展特征及面临的重大问题:国外城市治理经验研究之二[J].中
国发展观察,2015(3):86-88.

张文忠.中国城市体检评估的理论基础和方法[J].地理科学,2021,41(10):1687-1696.

郑杭生，杨敏.从社会复合主体到城市品牌网群:以组织创新推进社会管理创新的"杭州
经验"[J].中共杭州市委党校学报,2011(4):4-10.

郑俊敏.生态社区建设思路、模式及对策研究:以广州市为例[J].生态环境学报,2012,
21(12):2050-2056.

图书在版编目（CIP）数据

城市管理学 / 鲍海君，王笑言主编． -- 杭州 ： 浙
江大学出版社，2024．12． -- ISBN 978-7-308-25113-6

Ⅰ．F293

中国国家版本馆 CIP 数据核字第 2024ST0378 号

城市管理学

CHENGSHI GUANLIXUE

鲍海君　王笑言　主编

策划编辑	曾　熙
责任编辑	曾　熙
责任校对	李　晨
封面设计	春天书装
出版发行	浙江大学出版社
	（杭州市天目山路148号　邮政编码310007）
	（网址：http://www.zjupress.com）
排　　版	杭州林智广告有限公司
印　　刷	杭州宏雅印刷有限公司
开　　本	787mm×1092mm　1/16
印　　张	11.5
字　　数	252千
版 印 次	2024年12月第1版　2024年12月第1次印刷
书　　号	ISBN 978-7-308-25113-6
定　　价	45.00元